De las Cenizas de 9/11, Nace LACA Manual de Capellania

From the Ashes of 9/11, LACA is Birthed Chaplaincy Manual

Bishop Fernando Rodriguez

De las Cenizas de 9/11, Nace LACA Manual de Capellania
From the Ashes of 9/11, LACA is Birthed Chaplaincy Manual
by Bishop Fernando Rodriguez

Printed in the United States of America

ISBN 9781619046160

www.xulonpress.com

DEDICATORIA

Este libro está dedicado a las dos mujeres en mi vida que me han dado animó, ha creido en mí, me han apoyado y compartió conmigo su amor:

Mi madre la cual se fue a estar con el Señor,
Iris Rodriguez
y
Mi querida esposa, Joselyn Rodriguez

También, a mi Congregación, Iglesia Cristiana Un Camino al Cielo y al personal de LACA State of New York y LACA Internacional. Gracias por permitirme ministrar en medio de mi humanidad, siguiendo la visión que Dios ha sembrado en mí.

A cada uno de ellos me gustaría expresar mi agradecimiento y gratitud por sus vidas, y ruego que Dios le bendiga y prospere todos sus pasos.

CONTENIDO

PREFACIO

Alambre de puas, barras de acero, puertas de metal duro. Torres de guardias con agentes armados. Delincuentes. Se trata de prisión!

- La sociedad, dice, “Encierrenlos y boten la llave”.
- Los políticos decen “Tenemos que construir más cárceles”.
- Estadísticas dicen que el 80% de los reclusos vuelven a la prisión después de ser liberados - que estamos perdiendo nuestro tiempo al intentar rehabilitarlos”.

… Pero Jesús dice: “estaba en la cárcel, y veniste a mí”.

El sistema penitenciario es el único “negocio” que tiene exito por su fracaso. La población carcelaria crece más y más grande y usualmente las personas salen de prisión peor que cuando entraron. Muchos cometen más crímenes, vuelven a la cárcel y se quedan en el ciclo de reincidencia, la “puerta giratoria" de la delincuencia, la prisión y la liberación.

La respuesta a esto no es más cárceles. No es encerrar a la gente y "botar la llave". Ni siquiera es la pena de muerte, como los estudios han demostrado que incluso esto no disuada la delincuencia efectivamente. La respuesta es el Evangelio de Jesucristo en la demostración de poder!

Los presos necesitan regeneración no rehabilitación y Jesús ha encargado a sus seguidores a ir más allá de las cercas de alambre de púas y barras de acero para tocar las vidas de hombres y mujeres vinculadas por los grilletes del pecado.

El mandato para el Ministerio de Capellanía es evidente en la palabra de Dios, tanto por las escrituras y ejemplo.

INTRODUCCION

Tiene en sus manos la llave para una caja de gran tesoros. Dentro de la caja hay oro, plata y joyas preciosas. La caja en la que se encuentran estos tesoros es más bien inusual no muy atractivo. Está rodeado de alambre navaja, cercas electrificadas y armados de Torres de guardia. Pero en su interior, un gran tesoro...hombres y mujeres, preciosas a Dios, cuales esperan en TI.

El manual que tiene en sus manos: "Manual de Entrenamiento de LACA" — es una guía de capacitación para el Ministerio de Capellanía. Este manual proporciona instrucciones para cada nivel de participación.

Este manual está diseñado para ser utilizado como un curso de capacitación para:

- Personas que tienen un deseo de involucrarse en el Ministerio de Capellanía.
- Iglesias que quieran iniciar proyectos de cárceles, prisiónes y hospitales.
- Denominaciones deseosas de involucrar a sus iglesias en esos ministerios.

- Colegios Biblicos deseosos de ofrecer entrenamiento en el Ministerio de Capellanía a estudiantes.
- Capellanes que necesitan las herramienta necesarias para capacitor a sus voluntarios.

Era tarde en la noche, estaba cansado…y a la medianoche, Dios hablo a mi espíritu y me pregunto…

"¿Obispo, dónde en tierra mantiene el hombre su más invaluables tesoros y objetos de valor?" Le dije "Señor, normalmente estos tesoros como oro, plata, diamantes y joyas preciosas se guardan en algún lugar fuera de la vista en una caja fuerte, generalmente con guardias y seguridad para mantenerlos seguros".

Dios me dijo: "Como hombre, mis tesoros más valiosos de la tierra son también guardados." Entonces vi a Jesús parado frente a las aparentemente miles de las prisiones y cárceles.

El señor dijo, "casi han sido destruidos por el enemigo, pero estas almas tienen el mayor potencial para ser utilizados y para traer Gloria a mi nombre. Decirle a mi gente. Voy a esta hora a las cárceles para activar los regalos y convocatorias que se encuentran inactivas en estas paredes la cual vendrá para el un ejército espiritual que tendrá poder para literalmente echar abajo las puertas del infierno y superar los poderes satánicos que tienen muchos de mi pueblo atados aun en mi propia casa.

"Decirle a mi pueblo que gran tesoro está detrás de estos muros, en estos barcos olvidados. Mi pueblo debe venir adelante y tocar estas vidas, para que una poderosa unción seá desatada sobre ellos para la futura victoria en mi reino. Que deben restaurarse."

Entonces Vi a el Señor que paso hasta las puertas de la cárcel con una llave. Una de las llaves abria cada candado y las puertas comenzaron a abrirse. Entonces escuche y vi grandes explosiones que sonaban como dinamita detrás de los muros. Sonaba como una guerra espiritual. Jesús se volvió y dijo, "Dile a mi pueblo que ahora vaya a recoger el botín y rescatarlos". Jesús comenzo a caminar y a tocar a los reclusos quienes se le aglomeraban. Muchos, fueron tocados, al instante empezaron a tener un resplandor de oro venir sobre ellos. Dios me dijo. "Eh ahi el oro!" Otros tenían un resplandor plateado alrededor de ellos. Dios dijo: "Eh ahi la Plata!"

"Salió del la sala de justicia con sus pies en grilletes, con sus manos esposadas y con una cadena alrededor de su cintura, en donde a su vez estaban entrelazadas las esposas; y por si esto fuera poco, amarrado a otro convicto con esa misma cadena. Estaba próximo a comenzar a vivir una experiencia que calaría hondas heridas en su vida. Experiencias que sembrarían semillas de amargura y tomarían profundas raíces.

¡ESTABA PROXIMO A EXPERIMENTAR LO QUE ES EL INFIERNO!

Pero, ¿Cómo llegó este hombre a una situación tan difícil? ¿Cuáles fueron sus objetivos, ambi-

ciones, metas?" *...[1] Estuve preso y vinisteis a verme,* salí de la cárcel ¿y te escondes de mí?

Inicialmente la gente expresa cierto interés y una aparente preocupación por los presos, pero en realidad esto es falso.

Dolorosamente conocemos que una gran cantidad de personas que están presos, temen salir en libertad, porque si bien es cierto que se trabaja con ellos en la prisión, no es menos cierto que cuando salen, la gente les dé la espalda, y ahora en libertad pueden encontrarse en peor condición que cuando estaban presos.

Entiendo y en mis conferencias y clases de capellanía trato de hacer entender, que hay un vacío de servicio y que la persona para este ministerio, Dios lo puede estar preparando hoy y puede ser usted la persona en quien Dios encienda la llama de crear una institución o ministerio de apoyo a los ex convictos, que les allane el camino para reintegrarse a la vida en la sociedad, que es una sociedad muy diferente a la que dejaron cuando fueron privados de su libertad.

En la vida cotidiana de una persona decente parece ser más razonable no acercarse a un ex convicto, que ir a la prisión y estar rodeado de cientos de ellos. La gente no se da cuenta que con esta excusa prolonga la condena de una persona que ya pagó su deuda. Muchos han pensado que son inquebrantables cuando su vida les presenta bonanza y que la idea de Dios no es compatible con su estilo de vida, pero el camino que escogen les lleva a lugares donde su estilo de vida demanda la intervención de Dios; entonces entienden la importancia de ser instrumento de Dios para bendecir a otros. Me resulta muy deprimente ver como sufre la gente, y más aun, ver que hay quienes parecen sentir satisfacción al verlos sufrir.

Alguien podría pensar que lo antes dicho es razonable, porque se trata de personas a las que se les descubrió su crimen; pero mi amigo, le tengo mala noticia. Cada renglón de la sociedad está más corrompido que el otro. El seno del hogar; donde se forma la familia está...y en él se origina todo lo que vemos en la sociedad. Es de suma importancia que la iglesia pueda crear fuertes ministerios dedicados a los niños; no para entretenerlos mientras los adultos se alimentan con la palabra de Dios, sino haciendo programas intencionales para alimentarlos formando en ellos a Jesucristo.

CAPITULO 1

ENTENDIENDO EL MINISTERIO DE UN CAPELLAN

¿Qué es un capellán?

El trabajo dentro de la sociedad, y especialmente cuando se tocan los problemas visibles y sentidos por todos hacen que el capellán sea visto por la mayoría de las entidades gubernamentales y privadas como una persona de respeto, especialmente si este es acreditado por una organización reconocida.

Existen varias agencias que brindan credenciales a capellanes a nivel local o regional, no podemos ignorar el valor de los concilios de iglesias evangélicas, que han tomado la tarea de respaldar este ministerio a nivel de acreditación, lo que permite a muchos ministrar mientras trabajan en el área de su preferencia. De esta manera, todo capellán bajo cobertura puede continuar su trabajo en diferentes partes donde esa organización esté legalmente constituida.

Lo más difícil en el reconocimiento de un capellán es el tipo de credencial que porte. Hemos tenido personas que cuyo interés principal ha sido portar las credenciales de capellán. En realidad una persona con credenciales, compromete a la institución que lo acredita, pero no le resuelve nada al necesitado a menos que descienda de su pedestal de orgullo y se ciña la toalla del servidor, tal como lo hizo Jesús.

La credencial es importante ya que el capellán está continuamente tratando con diferentes instituciones. Aunque sabemos que el respaldo que más importancia tiene es el que viene del cielo, no podemos negar que también es necesario mostrar delante de los hombres si nosotros hemos cumplido con los requisitos necesarios para poder llevar ese título y ministerio. El ministerio de capellanía es interdenominacional, siempre y cuando el capellán tenga la cobertura de su organización eclesiástica puede ministrar.

Una agencia privada podrá exigir que el capellán sea portavoz de X sana doctrina y que esté dispuesto a sujetarse a las reglas de ética y conducta de la institución, pero en las agencias públicas lo que más importa es la preparación profesional. Es por eso que el capellán tiene que estar claro y seguro de su fe y de sí mismo, pues los que en un momento lo invitan a participar con ellos, luego son los mismos que lo critican por haber participado con ellos de su pecado.

El capellán puede ser de cualquier denominación o concilio, no es necesario pertenecer a x concilio para recibir entrenamiento y credenciales. Algunas capellanías organizadas entregan una placa a sus capellanes; esto no es nada malo, lo que sí es peligroso es cuando este capellán usa esa placa para pretender ser lo que no es. Cuando un capellán trabaja con una agencia policíaca porta una placa de la policía pero si trabaja en un hospital no necesariamente tiene que portar una placa, aunque puede tenerla.

Todo capellán que reciba credenciales, se le entregará su carnet de identificación. Es necesario que antes de usted poder recibir sus credenciales, pase por un proceso que incluye el completar una solicitud, el tomar un curso y proveer una carta de recomendación de su pastor, además de los requisitos que serán expuestos. Hay diferentes requisitos para diferentes instituciones, por lo que el candidato debe estar abierto a los requerimientos de su institución.

Estudios de un capellán

Una educación teológica, requiere de tiempo y esfuerzos académicos y económicos. Un pastor es un hombre de la Palabra, y para recibir una educación teológica hay que leer, leer y volver a leer y leer de nuevo. Un Capellán o Capellana es una persona que ha aceptado un llamado especial de parte de Dios para servir en el ministerio de la consejería profesional al guiar, reconciliar, sanar y sostener a personas en crisis y que enfrentan problemas emocionales y espirituales.

Como capellán, eres un maestro y como maestro tienes que estar preparado en educación. De esa forma no serás un ciego cuando guía a los que vienen a ti. Presta mucha atención a la siguiente nota: *"El reino universal de la ley es la verdad central de la ciencia moderna. Toda fuerza existente en el hombre o en la naturaleza, obra bajo el dominio de alguna ley; todo efecto de la mente o la materia es producido en conformidad con alguna ley. La más sencilla noción de la ley natural es, que "la naturaleza es siempre uniforme en sus fuerzas y operaciones. Las causas producen efectos, y los efectos obedecen sus causas, por leyes irresistibles.*

Las cosas son lo que son por causa de las leyes de su ser, y el aprender la ley de cualquier hecho es aprender la verdad más fundamental con respecto a él. Esta uniformidad de la naturaleza es la base de toda ciencia y de todo arte práctico.

Tanto en la mente como en la materia, el reino de leyes invariables es la condición primordial para toda ciencia verdadera. La mente tiene libertad dentro de leyes, pero no la tiene para producir efectos contrarios a esas leyes.

El maestro, por lo tanto, está sujeto a leyes tanto como la brillante estrella o el barco que navega. Son muchas las condiciones que se reconocen como importantes para el trabajo de maestro; y si todos los requisitos que se desean fueran poseídos, el maestro sería un modelo, una perfecta reunión de excelencias imposibles reunir.

Un buen carácter y excelentes cualidades morales son muy deseables en el instructor de la niñez, sino tanto para su obra, por lo menos para evitar el perjuicio que puede ocasionar con su ejemplo. Pero si una por una vamos quitando de nuestro catálogo de condiciones deseables para la labor de la enseñanza las que no son absolutamente indispensables, nos veremos obligados a retener al fin, como necesaria a la mera noción de la enseñanza, el conocimiento de la materia que ha de enseñarse.

No podemos enseñar sin conocimiento de lo que enseñamos, parece demasiado sencillo para que haya necesidad de probarlo. ¿Cómo puede la nada producir algo, o la obscuridad dar luz? La afirmación de esta ley parece tal vez una perogrullada; pero un estudio más profundo demostrará que es una verdad fundamental: la ley del maestro. Ninguna otra condición es tan fundamental y esencial. Si se invierten los términos de esta ley se revela otra verdad importante: Lo que el maestro conoce, eso debe enseñar.

La palabra CONOCER ocupa un lugar central en la ley del maestro. El conocimiento es el material con que trabaja el maestro, y la primera razón en pro de la ley del maestro debe buscarse en el conocimiento. Lo que los hombres llaman conocimiento tiene muchos grados, desde el primer indicio de la verdad hasta su más completa comprensión. En diferentes estados de la vida la experiencia de la raza, según la adquirimos, está caracterizada por:

> *(1) Un pobre conocimiento.*
> *(2) La habilidad de recordar voluntariamente para sí mismos, o de descubrir a otros, en forma general, lo que hemos aprendido.*
> *(3) El poder explicar, probar, ilustrar y aplicar nuestros conocimientos; y (4) un conocimiento tal y una apreciación de la verdad, en su significado más profundo y más amplias relaciones, que por el mismo poder de su importancia, ceñimos nuestros actos a ella, nuestra conducta es modificada por esa verdad."*[2]

Hablamos de una persona con capacitación en las áreas de teología y de consejería profesional que le califica para ayudar a la gente en sus problemas emocionales, espirituales y de desarrollo integral. Un profesional que reconoce sus límites y trabaja en relación interdisciplinaria con otros profesionales de la salud a fin de ayudar a restaurar la salud integral de aquellas personas que solicitan ayuda.

Es una persona profesional clínicamente entrenada para asistir a niños, niñas, adolescentes, adultos y adultos mayores en sus problemas emocionales y espirituales que puedan estar afectando el desarrollo social, mental y espiritual de ellos. Una persona conectada y aprobada por una institución religiosa reconocida y que da fe del testimonio de ellas y confirma su llamado eclesiástico.

Es una persona llamada por Dios, confirmada por la iglesia, equipada profesionalmente por instituciones educativas religiosas, certificada y comprometida por la comunidad a ofrecer lo mejor de sí para servir a la sociedad y a la humanidad. Es una persona que acepta el rol como agente de cambio en una sociedad que exige de una consistencia de valores y principios, y de una moral y cívica que refleje la esencia de lo que significa ser humano.

Es una persona que como embajadora del amor, de la paz, de la justicia y de la gracia de Dios acompaña a personas en su peregrinaje por este mundo. Recordando siempre que no estamos solos.

Billy Graham ha dicho hablando del creador:

"El promete que nos pastoreará. El cuadro de Dios en la función de pastor lo encontramos en muchas partes del Antiguo Testamento. Qué consuelo da saber que el Dios del universo desciende a los montes y a los valles de nuestra vida para ser nuestro pastor. En el salmo más conocido, David, quien había sido pastor de ovejas, exclamó: "Jehová es mi pastor; nada me faltará" (Salmo 23:1).

Nuestro pastor nos guía; él nos conduce por los caminos rectos; está con nosotros cuando pasamos por valles tenebrosos. Por eso David pudo decir: "Mi copa está rebosando" (v. 5).

Isaías nos describe cómo el Señor "como pastor apacentará su rebaño; en su brazo llevará los corderos y en su seno los llevará" (40:11). En el Nuevo Testamento Jesús empleó la imagen del pastor para referirse a sí mismo. El nos dice: "Yo soy el buen pastor; el buen pastor su vida da por las ovejas.

Mas el asalariado, y que no es el pastor, de quien no son propias las ovejas, ve venir al lobo y deja las ovejas y huye, y el lobo arrebata las ovejas y las dispersa.... Yo soy el buen pastor; y conozco mis ovejas, y las mías me conocen" (Juan 10:11-14). Si Cristo habita en el corazón, entonces el Buen Pastor es dueño de las ovejas; le pertenecen. El vigila a las ovejas; nunca las abandona cuando hay problemas. Conoce a las ovejas por nombre, y el amor que les tiene es tan grande que él pone su vida por ellas.

Nosotros debemos mantenernos cerca de nuestro pastor, para escuchar su voz y para seguirle, sobre todo en tiempos de peligro espiritual. Jesús nos dice que no debemos dejarnos desviar por escuchar voces de extraños. ¡Y se escuchan tantas voces extrañas en el mundo religioso de hoy! debemos comparar lo que dicen estas voces con lo que afirma la palabra de Dios."[3] De manera que al tomar decisiones difíciles, podemos ver que él está con nosotros.

La ayuda se presta al escuchar las penas, los secretos más íntimos, los más profundos deseos, los temores, las esperanzas, las alegrías, los logros, los fracasos, y los planes de aquellas personas que solicitan la ayuda. Toma su identidad y autoridad seriamente y usa su poder para bendecir y fortalecer a cada miembro de la comunidad, especialmente a los más desvalidos.

Como persona consciente de su papel en el cambio positivo de la sociedad, cumple con su deber de recordarles a la gente la misión primordial y el propósito central de la existencia humana: glorificar al Creador, compartir el amor, la justicia y la paz del Creador con sus semejantes. Hace énfasis en la importancia de la relación e interdependencia existente entre la vida humana, la fauna, la flora y los minerales, por lo tanto se compromete a abogar por el equilibrio y la mayordomía ecológica de nuestro planeta.

Secreto de confesión

Hablemos un poco de la valiosa información que se recibe cuando una persona confiesa sus errores, claro está si vamos a hablar de confesión, tenemos que mencionar a la iglesia Católica; quienes usan la confesión como una práctica doctrinal. Los ministros católicos ven la confesión como un sacramento y la iglesia ha declarado que el sigilo sacramental es inviolable. El confesor que viola el secreto de confesión incurre en excomunión automática.

La Iglesia Católica declara que todo Sacerdote que oye confesiones está obligado a guardar un secreto absoluto sobre los pecados que sus penitentes le han confesado, bajo penas muy severas. Tampoco puede hacer uso de los conocimientos que la confesión le da sobre la vida de los penitentes. El Código de Derecho Canónico, canon 983,1 dice: «El sigilo sacramental es inviolable; por lo cual está terminantemente prohibido al confesor descubrir al penitente, de palabra o de cualquier otro modo, y por ningún motivo».[4]

¿No hay excepciones?

El secreto de confesión no admite excepción. Se llama "sigilo sacramental" y consiste en que todo lo que el penitente ha manifestado al sacerdote queda "sellado" por el sacramento. ¿Cómo se asegura este secreto? Bajo ninguna circunstancia puede quebrantarse el "sigilo" de la confesión. De acuerdo a la ley canónica, la penalización para un sacerdote que viole este sigilo sería la excomunión automática. ¿Y si revelando una confesión se pudiera evitar un mal? El sigilo sacramental es inviolable; por tanto, es un crimen para un confesor el traicionar a un penitente ya sea de palabra o de cualquier otra forma o por cualquier motivo. No hay excepciones a esta ley, sin importar quién sea el penitente. Esto se aplica a todos los fieles –obispos, sacerdotes, religiosos y seglares (interinos)[5].

El sigilo sacramental es protección de la confianza sagrada entre la persona que confiesa su pecado y Dios, y nada ni nadie puede romperlo. ¿Qué puede hacer entonces un sacerdote si alguien le confiesa un crimen? La iglesia católica dice: Si bien el sacerdote no puede romper el sello de la confesión al revelar lo que se le ha dicho ni usar esta información en forma alguna, si está en la posición dentro del confesionario de ayudar al penitente a enfrentar su propio pecado, llevándolo así a una verdadera contrición y esta contrición debería conducirlo a desear hacer lo correcto. ¿Las autoridades judiciales podrían obligar a un sacerdote a revelar un secreto de confesión? La iglesia católica dice: En el Derecho de la Iglesia la cuestión está clara: el sigilo sacramental es inviolable. El confesor que viola el secreto de confesión incurre en excomunión automática. ¿Y si otra persona oye o graba la confesión y la revela? La Iglesia ha precisado que incurre también en excomunión quien capta mediante cualquier instrumento técnico, o divulga las palabras del confesor o del penitente, ya sea la confesión verdadera o fingida, propia o de un tercero. ¿Y en el caso de que el sacerdote no haya dado la absolución? El sigilo obliga a guardar secreto absoluto de todo lo dicho en el sacramento de la confesión, aunque no se obtenga la absolución de los pecados o la confesión resulte inválida. Esta posición de la iglesia Católica no está tomando en cuenta las leyes de las naciones en las que se ejerce el ministerio, pues hay naciones donde su palabra es la ley, pero en realidad no siempre es así."[6]

Vea el siguiente caso:

LA NOTICIA EN CNN. Un sacerdote rompe secreto confesional y cambia la suerte de dos condenados 26 de julio, 2001

NEW YORK (CNN) — Un sacerdote reveló la confesión hecha por el autor de un asesinato por el que estuvieron presas otras dos personas inocentes durante 12 años. La revelación del religioso permitió la liberación de un condenado hispano que había estado en prisión y sus abogados preparaban una apelación para excarcelar a su compañero de infortunio por un crimen que no cometió. José Morales, de 31 años, fue liberado el martes después de que un juez federal dictaminó que no cometió el crimen.

Ahora, sus abogados presentarán el documento en nombre de Rubén Montalvo en una corte de la ciudad de Nueva York para lograr su liberación. Morales y Montalvo, por aquel entonces adolescentes, fueron sentenciados en 1989 a 15 años de prisión perpetua por el asesinato de José Rivera ocurrido dos años antes en el barrio del Bronx. Antes de ser condenados, otro joven, Jesús Fornes confesó que él y otras dos personas -que no eran Morales ni Montalvo- cometieron el homicidio. Fornes primero admitió su delito ante el sacerdote de su parroquia, Joseph Towle, y luego alentado por el religioso, Fornes repitió su confesión al abogado de Morales, la madre de Montalvo y un defensor de oficio.

Este abogado público evitó que la declaración de Fornes formara parte de los documentos oficiales de la causa. Ningún juez escuchó su testimonio y los tribunales anteriores no lo habían tenido en cuenta en apelaciones previas. Sin embargo, el juez de distrito Denny Chin concluyó que las declaraciones de Fornes "constituyen una evidencia convincente de que Morales y Montalvo fueron condenados por error y que por consiguiente, son inocentes." A pesar de las objeciones de los fiscales, el martes Chin dejó a Morales en libertad. "No existe ninguna explicación razonable para creer que Jesús Fornes pudiera mentir", dijo Chin al dar a conocer los motivos de su fallo.

"Seguramente cuando dijo estas cosas, sabía que irían a las autoridades para hacerles saber que tenían al hombre equivocado", aseguró. Por su parte, los fiscales piensan pedir a la Corte de Apelaciones del Segundo Circuito que rechacen el dictamen de Chin. "Por supuesto que tenemos interés en asegurar que la gente no sea encarcelada por crímenes que no ha cometido", sostuvo el fiscal del distrito del Bronx, Robert Johnson en una declaración escrita. "Pero debemos también tener en cuenta que existe el testimonio de

una testigo de este homicidio. Ella conoció al acusado y lo había visto en ocasiones anteriores, y estuvo y aún está completamente segura de que es la persona que participó en la golpiza y el asesinato a puñaladas de su marido", afirmó. El sacerdote Towle declaró que había mantenido silencio porque consideraba la confesión de Fornes algo confidencial. Pero más tarde se preguntó si era una confesión sacramental, según los cánones católicos.

Llegó a la conclusión de que no era así, pese a que absolvió a Fornes por su pecado. Fornes falleció más tarde. Towle recordó que Fornes llegó a verlo "no en una situación confesional, sino como amigo". En un testimonio ante la corte, el religioso describió el encuentro como una "conversación de corazón a corazón" en su casa y no en un confesionario dentro de una iglesia. "Ve a la corte y cuenta todo lo que me has contado a mí", Towle recordó haber aconsejado a Fornes. "Y eso es exactamente lo que hizo.

Realizó una declaración pública de todo lo que me confesó." "He hecho lo que él hubiese querido que yo hiciese", indicó Towle una vez que Morales fue dejado en libertad. En la nueva presentación para Montalvo, los abogados Jeffrey Pittel y Randa Maher buscan que el caso sea reasignado del Juez Robert Sweet, quien rechazó una petición tres años atrás a Chin, quien aprobó el sobreseimiento de Morales el martes pasado. (Con información de Associated Press)"[7]

Tres coordenadas encuadran el caso Towle. Su revelación contribuyó a la puesta en libertad de dos hombres injustamente condenados. Esos tres parámetros son:

1- La legislación canónica sobre el sigilo sacramental,
2- La legislación civil sobre deposición en juicio de ministros de culto.
3- El ámbito moral del sacerdote afectado.

Solamente una adecuada comprensión de estos factores puede rescatar el debate del campo puramente emocional.

Como hace notar el profesor Palomino, de la Universidad Complutense, cuyo libro en la materia es ya un clásico:

"la protección de la relación confidencial entre sacerdote y fiel está protegida en todos los derechos confesionales, no sólo en el de la Iglesia católica. Así, tanto la Iglesia de Inglaterra como la episcopaliana han mantenido una vieja disposición de 1603 por la que se impone al sacerdote la grave obligación de no quebrantar el sello de la confesión.

La Iglesia reformada de Francia, aun habiendo abolido la confesión sacramental, mantiene la necesidad del secreto en las conversaciones de los fieles con los ministros religiosos. Algo similar ocurre, aunque con matices, en los derechos hebreo e islámico. La razón de esta extrema protección es clara y se entiende mejor si la comparamos con otros secretos profesionales. El secreto profesional de un periodista y sus fuentes o el de un abogado es sagrado. Recuérdese el caso Watergate y ese enigmático personaje (Garganta Profunda) origen de la filtración, cuyo nombre nunca fue desvelado por los periodistas Bernstein y Woodward a pesar de todo tipo de presiones. Y es inviolable o tiende a serlo aunque el objeto de las confidencias recibidas por el periodista no trate de hechos delictivos o reprensibles.

El objeto de la confesión sacramental, al contrario, se refiere siempre a ilícitos morales (pecados), a veces graves. Si la protección de lo confesado fuera sólo relativa o sujeta a circunstancias subjetivas del ministro de culto, se establecería una peligrosa inestabilidad en las relaciones sacerdote-fiel, introduciendo la sombra de la sospecha, que daría al traste con una de las bases claves de la relación confidencial. Precisamente el interés que ha despertado el caso Towle radica en este primer factor que encuadra la noticia.

La segunda clave de comprensión es la tutela civil de esta relación privilegiada de origen confesional. Todas las legislaciones protegen directa o indirectamente el secreto de confesión. En España, la protección se opera por vía constitucional, procesal, concordada y penal. Implícitamente, a través de los derechos constitucionales a la libertad religiosa, a la intimidad y a no declarar en juicio por motivos de secreto profesional. Explícitamente, en la Ley de Enjuiciamiento Criminal se dice que no podrán ser obligados a declarar los eclesiásticos o ministros de culto sobre los hechos que les fueran revelados en el ejercicio de las funciones de su ministerio.

Cláusula que se repite tanto en los acuerdos entre el Vaticano y el Estado español, como en los firmados entre el Estado y las confesiones judía, protestante e islámica. Incluso se sanciona penalmente a quien revelare secretos ajenos de los que tenga conocimiento por razón de su oficio o relaciones laborales. En Estados Unidos, el secreto religioso está protegido por vía federal y estatal. Pero fue precisamente en Nueva York -escenario de la declaración del padre Towle- donde se promulgó en 1828 la primera legislación protectora del secreto religioso: no se permitirá que ningún ministro del Evangelio, o de cualquier confesión, revele cualquier confidencia que haya recibido por razón de su oficio. Sin embargo, si el fiel-penitente lo autoriza en el curso de un proceso, el sacerdote queda exonerado de esa obligación.

El problema más debatido en el Derecho norteamericano es, precisamente, el que afecta al protagonista de este caso. Es decir, a quién correspondería desde el punto de vista civil- la autorización para revelar el contenido de la confesión una vez que el penitente ha fallecido. Según la doctrina más fiable, el fuerte contenido patrimonialista del Derecho norteamericano llevaría a concluir que son los herederos del difunto quienes podrían autorizar al sacerdote. Digo desde el punto de vista civil porque desde el punto de vista de la legislación canónica solamente podría autorizarlo el penitente, nunca sus herederos ni cualquier otra persona."[8]

Los ministros de Consejería y Capellanía Profesional se comprometen a cumplir la ética cristiana de cooperación pastoral y profesional manteniendo en alto en todo momento los principios de igualdad, diversidad, justicia restaurativa, amor y gracia. Los miembros afirman y promueven el valor y dignidad de cada ser humano a los cuales ellos sirven. "Sé ejemplo de los creyentes en palabra, conducta, amor, espíritu, fe y pureza" (1Timoteo 4:12).

Debo reafirmar, que los capellanes (as) y consejeros(as) son llamados y comisionados por Dios para que en amor, gracia y misericordia sean sus embajadores que atiendan a los hijos e hijas de Él. Los capellanes sostienen que cada ser humano fue creado a la imagen de Dios con individualidad y con libertad de pensar, creer, comportarse, sentir, relacionarse e interactuar con sus semejantes.

Al servir toman en consideración, la cultura, las creencias, actitudes y comportamientos de aquellos a los que ellos / ellas sirven y siempre presentan las buenas nuevas restauradora de Dios con amor. Se asegurarán de las necesidades emocionales y espirituales de aquellos y/o aquellas a quienes sirven a fin de poder ofrecer ayuda eficaz. Entienden y respetan el alto valor y dignidad de los seres humanos y con la ayuda de Dios se esfuerzan y se comprometen a no tomar ventajas sobre aquellos / aquellas que soliciten sus servicios.

Están conscientes del poder que tienen al ser representantes de Dios y bajo ninguna circunstancia explotarán la confianza depositada en ellos/ellas. Reconociendo la santidad de las relaciones humanas y la integridad de cada persona no entrarán en relaciones sexuales con aquellos y/o aquellas personas que vengan en busca de ayuda pastoral. Además entienden que la confidencialidad o secreto pastoral y profesional es un derecho y una obligación fundamental que subsiste íntegramente aun después de que la relación psicoterapéutica persona-capellán haya terminado.

Los capellanes invocarán este derecho ante la exigencia o petición de formular declaraciones de cualquier naturaleza que afecten la confidencialidad.

Los capellanes (as) y consejeros(as) sostienen muy en alto el principio de la confidencialidad o secreto pastoral y profesional y no pueden ser obligados a revelar lo que se les dijo en confesión pastoral. Podrán revelar cierta información si éste o ésta consideran que la vida de la persona o de otras está en peligro, siempre en estricta concordancia con el artículo 60 de la Constitución Nacional, reconocen que cada persona tiene el derecho de difundir solo la información que ellos / ellas desean, por lo tanto los capellanes se comprometen a no obligar a nadie a que revele información que la persona no quiera compartir. Los capellanes que proveen servicio pastoral a niños / niñas y a personas que están incapacitadas para hacer decisiones por ellos mismos, buscarán el permiso y consentimiento de los padres o tutores de ellos.

Los que necesiten tomar notas o grabaciones audibles o visuales de los encuentros o consultas pastorales solicitarán el permiso de la persona o personas involucradas. Tienen la responsabilidad de asegurarse que la confidencialidad no es quebrantada." Se comprometen a mantener los más altos estándares de conducta ética pastoral y profesional. Estarán siempre creciendo integralmente en su vida personal, espiritual y profesional. Los capellanes están comprometidos continuamente a crecer en gracia y sabiduría para con Dios y con los hombres.

Tienen la responsabilidad de leer y seguir el Código de Ética de Capellanía y Consejería Profesional, y mantendrán bien en alto el código de ética profesional y se comprometen a promocionar el respeto recíproco, intelectual, pastoral y profesional entre colegas así como también a fomentar una fraternidad que enaltezca los principios del Reino de Dios y de la profesión de la capellanía. Reconocen que habrá casos en los cuales tendrán que referir a las personas que están ayudando, a otros profesionales, a fin de proveer servicios especializados a las personas.[9]

En el capellán se quiere una persona que reconoce la unicidad de cada persona y el potencial incalculable que se tiene y se compromete a motivar y animar a las personas a que usen sus recursos emocionales, sociales y espirituales para que alcancen a expresar sus potenciales tanto como sea posible. Un profesional entrenado para escuchar de manera atenta, sin juzgar, sin condenar, las historias que las personas presentan, pero al mismo tiempo, ayudándoles a que examinen estas historias con un lente reflexivo y teológico propio de una persona creada a la imagen de Dios. Una persona que depende de la sabiduría divina y de su entrenamiento clínico-profesional para guiar, y enseñar modelos y estilos de vida que conduzcan a la felicidad y bienestar que cada ser humano merece. Reconoce la dignidad, respeto y valor de cada ser humano y se compromete a hacer todo lo que esté a su alcance para ayudar a las personas a vivir y morir bien desde el comienzo hasta el final.

Considera que la dimensión espiritual del ser humano es el ancla alrededor de la cual se mueven las dimensiones físicas, mentales y sociales de la persona. Por lo tanto, se compromete a respetar la fe y recursos espirituales de cada persona y evita imponer sus criterios y sus valores a los demás. Es una persona entrenada clínicamente para comunicarse y responder con empatía, respeto, precisión, inmediatez, compasión y esperanza con sus semejantes. Sostiene que cada ser humano es creado a la imagen de Dios con individualidad y con libertad de pensar, creer, comportarse, sentir, relacionarse e interactuar con sus semejantes.

Al servir a los demás toma en consideración, la cultura, las creencias, actitudes y comportamientos de aquellos a los que ella sirve y siempre presentan las Buenas Nuevas en amor. Entiende que la confidencialidad o secreto pastoral y profesional es un derecho y una obligación fundamental que subsiste íntegramente aun después de que la relación profesional terapéutica-pastoral haya terminado. Los capellanes como miembros del clero sostienen muy en alto el principio de la confidencialidad o secreto pastoral y profesional y no pueden ser obligados a revelar lo que se les dijo en confesión pastoral. Se comprometen a mantener los más altos estándares de conducta ética pastoral y profesional y reconociendo que están en un proceso continuo de crecimiento y desarrollo integral se comprometen a constantemente ampliar y perfeccionar sus habilidades intelectuales y técnicas.

CAPITULO 2

TIPOS DE CAPELLANES

Capellán Ordenado

Requiere que sea de buen testimonio y que dé ejemplo digno de que otros lo imiten. También necesita ser fiel en el ministerio tanto a sus amigos colegas como a sus superiores y que demuestre fidelidad en su tarea ministerial. El grado de Capellán y Consejero Pastoral está reservado para Capellanes Ordenados con una especialidad en Consejería Pastoral Clínica. El mismo está basado en una especialidad dinámica y participativa al nivel de postgrado en el área de cuidado y consejería pastoral. Esta especialidad está diseñada teniendo en mente a hombres y mujeres que están sirviendo como capellanes y quienes desean servir a Dios en el ministerio conjunto de la capellanía y la consejería o psicoterapia pastoral.

Junior Capellán

Este grado de la capellanía **está** reservado para jóvenes de 15 a 17 años que sienten el vivo deseo de ministrar a los necesitados dentro del contexto de su ambiente social y desean dar de su tiempo trabajando con un Capellán Ordenado a su lado. De esta forma, van aprendiendo a cómo funcionar dentro de la capellanía. Luego pueden graduarse de Capellán Asistente y/o Capellán Ordenado cuando así lo deseen y califiquen para ello.

Capellán Asistente

Esta es la persona que está ayudando a un Capellán Ordenado en el ejercicio de su ministerio y que goza de buen testimonio delante de Dios y de la sociedad. Para esta clasificación, el candidato no necesita tener educación teológica formal ni poseer un rango eclesiástico. Se recomienda que el participante procure obtener un mínimo de estudios a nivel de Instituto Bíblico para expandir sus conocimientos teológicos.

Requisitos Importantes:

Todo solicitante debe haber experimentado el nuevo nacimiento así como lo describen las Sagradas Escrituras. Debe ser miembro en plena comunión de una congregación, con un pastor y sentir un llamado especial para servir y amar a las personas necesitadas.

Otros Requisitos Importantes:

La Educación Cristiana tiene relevancia en la educación integral, porque desafía a vivir el verdadero cristianismo, en una genuina relación con Cristo en vivencias de valores y principios, esto significa un proceso de descubrimiento y desarrollo de una relación de amor entre Dios, el prójimo y nosotros mismos, con enseñanza y actividades que refuercen dicha enseñanza. El objetivo es conocerse, respetarse a sí mismo, respetar al prójimo y sobre todo reconocer a Dios como Creador y Salvador, dándole lugar prioritario en el diario vivir y también valorando toda la naturaleza, como creación suya

¿Qué hace un capellán?

Hoy día, el término capellán hace referencia a aquellos ministros que ejercen su labor pastoral en instituciones públicas y privadas representando no a una iglesia en particular, sino al creador y sustentador de este universo. El capellán es el miembro del clero que no espera que la gente le venga a él con sus necesidades, sino sale a buscar a los necesitados en donde estén. La bendita presencia de los capellanes se hace notoria tradicionalmente en asilos, cárceles, hospitales, e instalaciones militares.

Su socorro y consejo espiritual se extienden a las universidades, agencias públicas como el cuerpo de bomberos y policías, clubes cívicos, instituciones benéficas, y en los barrios bajos y la calle misma. Las funciones del capellán son varias dependiendo de las necesidades que las personas presentan y las instituciones en que trabajan. Pero siempre es un representante de Dios, un pastor espiritual, "y un consejero". Como "representante de Dios," lleva ante el Señor las necesidades de su pueblo.

Como "pastor espiritual," él le recuerda a la gente que solamente hay vida en Jesucristo y que nuestra vida solamente tiene sentido en él. Le recuerda de la importancia de seguir los principios de vida establecidos por Dios. Su presencia bendice a la gente y les da fortaleza a seguir adelante un día a la vez, manteniendo la vista en Cristo. Como "consejero cristiano," el capellán ayuda a la gente a utilizar sus recursos espirituales, y los orienta para que sean capaces de tomar decisiones de acuerdo con la voluntad de Dios. Oye a la gente y les comparte sabiduría. Les da calma espiritual y tranquilidad mental para que puedan salir de sus problemas.

Al empezar un ministerio, se tiene que buscar la dirección de Dios en cuanto al tipo de institución en que desea ministrar, dependemos de Dios para abrir las puertas a estas instituciones y tocar los corazones de las personas que los administran. Es de suma importancia conseguir permiso para entrar y luego hay que seguir las reglas de la institución al pie de la letra. El ejemplo clásico de tener que seguir la política de una institución, son las reglas de las cárceles que gobiernan tanto a los presos como a los visitantes.

Yo he podido entrar a hablar con los presos con mucha libertad en algunas cárceles de América Latina, pero en las cárceles de los EEUU se tiene que conseguir permiso para poder entrar con los presos y tener servicios o estudios bíblicos. Hasta se pide un reporte criminal de la persona que solicita el permiso, y si es aprobado tiene que pasar por un entrenamiento en donde le informen, de lo que se permite y de lo que no se permite hacer dentro de la cárcel.

Hay reglas limitando lo que se puede llevar dentro o fuera de la cárcel, le advierten al capellán a no prestarse a las trampas de los presos de sacarle dinero ni de pasar mensajes. Cada gestión que tenga que hacerse relacionada con un preso debe ser conocido por las autoridad de la prisión. Es bueno tener un corazón que quiere ayudar a todos, pero este no es un trabajo para débiles de carácter, y siempre hay que seguir las reglas. El caso de la cárcel también puede ser un ejemplo de cómo el capellán puede realizar su trabajo siendo realmente útil.

Tengo un amigo al que le fue negada la entrada a la cárcel, pero esto no eliminó el trabajo por las almas, él ha optado por pararse fuera de la cárcel, repartiendo folletos y hablando con los familiares de los presos, que también tienen grandes necesidades. También van a ver pólizas que seguir en los asilos de ancianos, hospitales orfanatos y otros. No está de más recordarles que el capellán es un profesional y que su trabajo debe realizarse dentro de los más altos estándares de la delicadeza y el respeto por las personas. Tome el tiempo para conocer a los administradores. Pregúnteles cuáles son las necesidades de la institución y cómo usted puede ayudar. Trabaje dentro del sistema nunca trate de hacer nada a escondido, por bueno que sea, la administración no aceptará ser sorprendida. Siga las reglas; si usted promete venir cada semana en un día y una hora fija, cumpla con su palabra.

Al ver su sinceridad y fidelidad, y el bien que usted hace por la gente, más confianza le tendrán y más oportunidades le serán dadas. Siempre ministre a las necesidades de toda la gente sin tomar en cuenta su religión. No trate de responder a preguntas que no le están haciendo. El capellán puede utilizar los servicios sociales ya existentes en su comunidad, siempre y cuando sean de beneficio para las personas a las que sirve. Trate de no ser visto como un vendedor, sino siempre sea visto como un ministro. Quizá usted no tiene los recursos para ayudar, pero sí puede informar y llevar a la gente a donde sí se puede conseguir ayuda.

Tenemos mucha gente pobre e ignorante, no sabe que hay agencias que los puede ayudar en sus problemas de drogadicción, de salud, legales, etc. El capellán puede servir de intermediario y a la vez dar un adecuado testimonio de Dios. Esté seguro de que está recomendando que la gente vaya a un buen lugar. De igual manera establezca una relación con la gente que maneja estas agencias para que tomen en cuenta a las personas que usted recomienda. Por lo general los trabajadores sociales tienen muy buen corazón, y quieren darlo todo, pero en ocasiones, todos trabajan con recursos limitados.

Quizá llegará el día que Dios engrandezca su ministerio y visión, y usted puede establecer una institución benéfica, si así lo hace verá que Cuando Dios está en el proyecto, lo poco es mucho. En cuanto a recoger fondos para financiar un ministerio, haga lo que hacen todos; Pídale a todos, o sea, ofrézcale a todos la oportunidad de hacer el bien, no importa la religión, ni la posición económica, todos podemos dar de lo que recibimos y siempre tendremos. También comparta su visión y necesidades con los políticos y gente de sociedad. Dios puede mover el corazón de todos. Le recomiendo comprometerse con Dios de manera absoluta; no deje ninguna reserva, deposite todas sus fuerzas, toda su mente, todo su corazón y toda su alma. Dios no lo defraudará jamás.

Las mujeres que se dedican a la capellanía se pueden dedicar a un área de gran necesidad, que es la protección de mujeres sufriendo de los abusos de una sociedad injusta, cruel, que ve a las mujeres como un objeto sexual, y cuando no, son víctimas de la violencia a la que en ocasiones llamamos "doméstica". Las madres solteras, empresarias, empleadas, sin trabajo etc.

Estas mujeres necesitan consejería cristiana, asesoramiento legal, y un refugio en donde pueden esconderse con sus hijos; de sus esposos o ex compañeros violentos. Refugios de este tipo, igual que clínicas de recuperación de adicciones, merecen el apoyo económico de la comunidad.

Usted puede conseguir recursos de organizaciones. Quizá le inviten a trabajar con ellos. Si le encantan los niños y jóvenes considere trabajar con clubes para niños o en hogares. Esto también le dará oportunidad de dar clases de cómo ser buenos padres o de alfabetización de adultos que tanto se necesita especialmente en cárceles y entre algunos grupos de inmigrantes. Investigue las publicaciones de evangelización en el idioma de su preferencia y trate de tener siempre con usted material escrito para la gente con la que trabaja.

Si usted es miembro o tiene contacto con el cuerpo de bomberos o policías, ofrezca ser su capellán voluntario, ellos le instruirán de lo que es correcto y lo que no. Así usted podrá aconsejar a los oficiales y sus familias en tiempos de crisis, visitar y orar por

oficiales enfermos o lastimados, acompañarlos a hacer notificaciones de muerte, asistir en incidentes de suicidio, proveer para las necesidades espirituales de los presos y ayudar a la gente desamparada y víctimas de fuego o crímenes en los momentos más difíciles y duros de sus vidas, teniendo así la oportunidad de dejar una marca del amor de Dios quien en realidad les dio la vida. También usted tendrá la oportunidad de orar en ceremonias especiales de premiaciones, graduaciones y dedicaciones de edificios, funerales y otros lugares donde Dios le abrirá puertas.

El capellán de hospital puede orar con los enfermos siempre y cuando estos lo permitan, en caso que un enfermo no permita que un capellán cristiano ore con él o ella, el capellán debe indagar y conocer, cómo avisar a un ministro de su iglesia o familiares del o la paciente sobre su condición. Puede ministrar a los familiares del enfermo en la sala de espera. Después puede visitar a los enfermos en casa, animándoles en su recuperación y presentándoles el plan de salvación. El capellán de asilos de ancianos puede dar compañerismo y organizar programas que alegren la vida de los presentes, o musicales para personas que no pueden salir mucho y a veces están sin visitas familiares. Ser capellán no es un trabajo de "glamur." Recuerden que Jesús también lavó los pies de sus discípulos.

Usted conocerá mejor las necesidades de su pueblo. Quizá Dios le está llamando a ser capellán para suplir estas necesidades. Si es así, su recompensa será grande, como fue señalado en la Biblia: *"Entonces, el Rey dirá a los de su derecha: Venid, benditos de mi Padre, heredad el reino preparado para vosotros desde la fundación del mundo. Porque tuve hambre, y me disteis de comer; tuve sed, y me disteis de beber; fui forastero, y me recogisteis; estuve desnudo, y me cubristeis; enfermo y me visitasteis; en la cárcel, y viniste a mí. Entonces los justos responderán diciendo: Señor, ¿cuándo te vimos hambriento, y te sustentamos, o sediento, y te dimos de beber? ¿Y cuándo te vimos forastero, y te recogimos, o desnudo, y te cubrimos? ¿O cuándo te vimos enfermo, o en la cárcel, y vinimos a ti? Y respondiendo el Rey, les dirá: "De cierto os digo que en cuanto lo hicisteis a uno de estos mis hermanos más pequeños, a mi lo hicisteis." Mateo 25:34-40.*

Necesidades de Jesús

¿Puede el Señor Jesucristo padecer necesidades? ¿Puede Él tener hambre o sed? Seguramente que sí, porque él mismo dijo: *Tuve hambre*, y no dijo: "mis hermanos tuvieron hambre". Este pasaje de la Escritura es impresionante. Jesucristo mismo en su trono de gloria y todas las naciones reunidas delante de él, apartados los unos de los otros: las ovejas a la derecha y los cabritos a la izquierda. ¿La razón? Jesucristo mismo lo dijo: porque lo habían atendido a él en los más necesitados. Jesús se identifica tanto con el necesitado que cuando nosotros hacemos algo a favor de una persona con hambre, sed o desnudez, es hacérselo directamente a él. Jesús dice que tuvo hambre y le dieron de comer, tuvo sed y le dieron de beber, estuvo desnudo y lo cubrieron, fue forastero y lo recogieron, estuvo enfermo y lo cubrieron, en la cárcel y vinieron a él.

Jesucristo, el pan de vida, ¿tuvo hambre? Jesucristo, la fuente de agua viva, ¿tuvo sed? Jesucristo, el que suple todas nuestras necesidades, ¿estuvo desnudo? Jesucristo, el que hace habitar en familia al desamparado, ¿fue forastero? Jesucristo, el sanador y por cuya llaga fuimos nosotros curados, ¿estuvo enfermo? Jesucristo, el que vino a dar libertad a los cautivos y a proclamar a los presos apertura de la cárcel, ¿estuvo preso? Así es, Jesús estuvo preso. Jesús padece necesidades hoy en día. Pero ¿cómo se suplieron esas necesidades?[10] Aunque la palabra capellán no aparece en la Biblia, la función del mismo sí la encontramos en las Sagradas Escrituras. Capellán es aquella persona que bien puede tener un llamado a pastor o evangelista, como también puede ser un misionero de Dios, quien sale en medio de la sociedad a servir supliendo para las necesidades espirituales y físicas de los seres humanos. El capellán cristiano es un ministro que no espera a que las personas vengan a donde él o ella están sino que sale en busca de ver a quien puede ayudar en el nombre de Cristo Jesús.

El capellán usualmente puede llegar a donde otros ministros se le cierran las puertas, si este sabe llevar su ministerio en el amor de Cristo y la guianza del Espíritu Santo, puede encontrar mucha satisfacción en su labor y mucho respeto en medio del pueblo. La capellanía es también un medio muy útil cuando hay que establecer programas de alcance dentro de la iglesia. Por ejemplo, un capellán puede estar a cargo de ayudar a mujeres abusadas, niños abandonados, rehabilitación de adictos, personas con enfermedades incurables, ancianos, entre otros.

Aunque es el ministro que más envuelto está en funciones sociales, su propósito principal es el de mostrar el amor de Dios y por medio de ese amor revelar que Jesús es la respuesta a toda necesidad del ser humano. Este ministerio requiere de una persona con madurez espiritual y con un corazón de siervo. No puede ser una persona inconstante ni tampoco una persona que tenga miedo de hacer un compromiso. El capellán es un verdadero embajador del Señor quien refleja al mundo la Salvación de Dios por medio de su Hijo.

Tipos de capellanía

Capellanía militar, Hospitalaria, Universitaria, Deportiva, Educativa, Carcelaria, Hospicio y Empresarial, entre otras. Capellanes altamente formados en el campo de la consejería profesional, familiar, con una dimensión espiritual, educativa y orientada hacia la comunidad a los fines de servir de apoyo en el mejoramiento de su calidad de vida.

Capellanía Militar.

La Capellanía Militar está diseñada para atender espiritualmente al personal militar, civil y familiar dentro de la Fuerza Armada y las instituciones policiales, generalmente es un ministro y miembro del cuerpo armado para el que trabaja como capellán . Además, envuelve una disposición de cooperación entre los grupos de fe religiosos para llegar a las necesidades particulares de las personas en el ambiente militar y policial proveyendo cuidado pastoral integral, tanto en tiempo de paz como en tiempo de guerra.

Es de hacer notar, que debido a la complejidad de experiencias y el alto grado de responsabilidad contraído con la sociedad, el personal militar necesita ser asesorado espiritualmente por un capellán o capellana, consejero profesional, con la finalidad de proporcionarles herramientas para enfrentar las situaciones y conflictos que se le presente, de manera eficaz.

En este sentido, la misión del capellán o capellana militar es brindar asistencia espiritual a todo el personal militar, civil y familiar que lo consideren útil, lo desee y lo solicite, independientemente de su credo o religión. La visión del capellán o capellana es contribuir al desarrollo y estabilidad de las Fuerzas Armadas por medio de un servicio integral que atienda las necesidades físicas, mentales, sociales y espirituales del personal militar.

Capellanía Hospitalaria.

Es un servicio diseñado para ministrar a las personas enfermas y a los familiares de las mismas, como al personal de la institución. Se caracteriza por ser un ministerio de consolación, de presencia y apoyo. La enfermedad es un elemento que provoca muchos sentimientos en la mayoría de las personas, produce un estado auto evaluación y de experiencias indeseadas, estresantes y traumáticas, en las que muchos encuentran el camino del Señor,.

De igual modo, se experimentan diversas emociones y alteraciones en la vida cotidiana, sea familiar, estudiantil o laboral, que producen sensación de desamparo en las personas y no pueden ser atendidas por el equipo médico. De allí, la necesidad de tener entre los miembros del equipo de trabajo, personal cualificado para dar atención al área espiritual con un enfoque integral e integrador de la persona, lo cual es justo, la función de la capellanía de hospital.

Capellanía de Hospicio.

Es un servicio diseñado para ministrar a las personas con enfermedades incurables y en estado terminal y a los familiares de las mismas. Este ministerio puede realizarse en la casa del paciente, en el hospital, en un asilo, o en cualquier lugar donde se encuentra el enfermo. Este se caracteriza por ser un ministerio de consolación, de presencia y apoyo. Las enfermedades terminales producen en las personas afectadas y en sus familiares fuertes crisis, angustias e incertidumbre con relación a la muerte.

El capellán tiene que poseer una clara experiencia de su relación con Dios, y conocer con claridad meridiana qué pasa después de terminada la vida. Los profesionales de la salud atienden con eficacia los trastornos del cuerpo, pero no entienden (a menos que sean creyentes) como traer paz un alma angustiada por el pecado. Por tal razón, se requiere tener entre los miembros del equipo de trabajo en un hospicio, a personas con preparación en consejería profesional, para dar atención al área espiritual de la persona enferma y a sus parientes, guiándoles para que puedan vivir una vida consciente y se vaya preparando para morir en paz y con dignidad.

Capellanía Empresarial.

Este es un plan que se concibe como un programa de cuidado a los trabajadores de una empresa o corporación, que ofrece orientaciones y restauración con las herramientas y recursos espirituales que contribuyan al bienestar físico, mental y espiritual del personal directivo, administrativo, obrero y de sus familiares. Asimismo, contribuye a reducir considerablemente el ausentismo laboral y el estrés, aumentando la armonía entre todos y por lo tanto esto da como resultado el aumento en la productividad, el desarrollo de una moral alta, sintiéndose el trabajador como una persona importante, útil y capaz en el trabajo que desempeña.

Capellanía Carcelaria.

Es un ministerio muy especial que requiere de personas con una gran pasión, un ministerio destinado a la atención y beneficio de los presos de manera integral. Las personas privadas de su libertad momentáneamente, se sienten como cuando alguien se va cayendo; se agarra de lo primero que vea, por lo tanto, es crucial que el capellán sirva sin distinción de credo e ideologías o grado de delito que haya cometido. Esto abarca, a todos los que están relacionados al prisionero o prisionera, sino también a los familiares de los mismos, oficiales y al equipo interdisciplinario que labora en la prisión.

Dada la condición de los actores del recinto carcelario, como las presiones que el tipo de trabajo origina, el confinamiento de la persona y el nivel de angustia de los familiares, la capellanía carcelaria constituye un reto para el cuidado pastoral, con miras a contribuir en la tranquilidad de los trabajadores, asimismo lograr la rehabilitación de las personas con problemas de conducta y violación de la ley que se encuentran confinadas y fortalecer a los familiares durante el periodo que dure la privación.

Capellanía Deportiva.

Atender integralmente a los atletas que practican las diferentes disciplinas deportivas, no es tarea posible para que la realice un entrenador, y ni siquiera el conjunto de personas que conocen, administran y enseñan esas disciplinas. Las personas deportistas están sometidas a una serie de presiones psicológicas y físicas que procuran el logro de sus objetivos.

En tal sentido, al no lograr las metas establecidas se fractura el equilibrio produciendo en ellos frustraciones y fracasos que repercuten en su autoestima y en sus relaciones con lo demás. De allí, la necesidad de disponer de capellanes o capellanas con alto grado de preparación que acompañen a los atletas en su proceso de lograr sus metas, Sin quebrantar el propósito de sus vidas. El capellán conoce y hará conocer a sus aconsejados que solo el que da lo mejor de sí, puede sentir satisfacción con la posición alcanzada. No todos pueden ser campeones, pero sí todos pueden realizar su mejor esfuerzo.

Esto es así en todas las áreas de la vida y cuando se tiene claro lo que se quiere, se paga el precio con placer y se es feliz con el resultado, en los casos de injusticia al entregar un galardón al que no lo merece, contamos con la honda satisfacción de ser ganadores y honestos.

Capellanía Escolar y Universitaria

Aquí tenemos una misión que está diseñada para proveer cuidado pastoral, acompañamiento solidario y consejería a los miembros de la comunidad universitaria y en ocasiones a los familiares de los miembros de la misma. Un capellán universitario es un profesional y ministro que trabaja para la institución educativa.

Se debe resaltar que la diversidad de la población universitaria y lo complejo de ese entorno, requiere tener un personal cualificado que pueda aconsejar, tanto al personal que labora en la institución como al estudiantado. Por ello, se busca promover un ambiente equilibrado, saludable y armónico, así como el desarrollo y bienestar espiritual de la comunidad universitaria, sin menoscabar la diversidad y pluralidad de pensamientos y creencias.

El capellán universitario promueve los valores de la familia, la ética de los profesionales, el respeto a la vida y al derecho ajeno. De igual modo, buscar promover el compañerismo, la solidaridad y el servicio al prójimo, promueve además los más altos niveles de la moral y cívica. El capellán pernota dentro del recinto universitario como una forma de

Misión.

La tarea es definida y la misión de los Programas de Servicio es anticipar y responder a la necesidad de orientación y apoyo emocional y espiritual en tiempos de crisis personal o colectiva entre empleados y el personal de las agencias servidas por Capellanes de servicio comunitario. La capellanía está comprometida activamente a enriquecer las vidas de la gente a quienes él/ella sirven proveyéndoles orientación emocional y espiritual, poniendo a las personas en posición de ventajas al darle luz sobre situaciones, que otros no conocen y que son necesarias para el diario vivir y para ser efectivo y estar en un ambiente efectivo de trabajo. La Capellanía de Servicio Comunitario promueve una atmósfera de confianza y confidencialidad para los empleados de la agencia o firma que esté siendo servida, y que esté comprometida a la protección de la privacidad y confidencia de cada empleado.

Mediante la provisión de recursos para la salud emocional y espiritual, y el desarrollo personal, la Capellanía de Servicio Comunitario ayuda en el fortalecimiento de la familia entera de la fuerza laboral. Los capellanes de servicio comunitario son hombres y mujeres de varios trasfondos ministeriales y profesionales quienes están dedicados/as al bienestar espiritual, emocional y físico de los empleados del campo ocupacional donde estén llamados a ministrar.

Un capellán está entrenado en áreas de consejería, conducta humana, cuidado pastoral y/u otras áreas relacionadas, en realidad, al llamado que Dios le hace a un capellán, le sigue una serie de pasos en el proceso de preparación, que son las herramientas para la tarea. Hermano, en este momento, Dios te llama a su servicio, pero es importante que tú sepas que en el servicio a Dios hay diferentes niveles. Hay tareas para las que tendrás que prepararte profesionalmente, mientras que otras no, ahora si tú no te preparas adecuadamente nunca podrás alcanzar los niveles que están diseñados para ti. Se necesita un espíritu dócil para un estudio provechoso y una apreciación recta de las escrituras.

Los capellanes son recursos para el manejo del estrés, estrés crítico de incidentes, desórdenes emocionales, consejería matrimonial y familiar, desórdenes de luto o pérdida y depresión, y orientación espiritual cuando así se solicita de ellos/ellas. Los capellanes de servicio comunitario están a la disposición en una base voluntaria para ofrecer sus servicios y encontrar recursos hasta donde sea posible para cubrir las necesidades de los empleados y su familia.

Los capellanes entienden su rol de ser servidores, y de contribuir sirviendo a los hombres y mujeres de la organización a la que estén asignados; sirviendo a iglesias que reconocen la necesidad de ministrar en lugares difíciles, en vez estar en lugares cómodos, donde también se sirve a nuestro Señor y Salvador Jesucristo. La contribución de cada capellán consiste en su tiempo, talentos y cuidadosa pericia profesional. A menudo disponen de sus recursos personales. Esto, hecho con un amor genuino para aquellos a quienes sirven.

CAPITULO 3

VIOLENCIA DOMESTICA

Breve informe

Una de las situaciones más dolorosas y peligrosas dentro de la familia, es la violencia doméstica. Es una realidad triste, de proporciones epidémicas, que afecta la comunidad en general. Es de suma importancia que el liderazgo pastoral se informe bien sobre este tema ya que las iglesias no están exentas del abuso doméstico. Las siguientes estadísticas provienen del Informe del Departamento de Justicia en cuanto a la violencia en los Estados Unidos:

Una mujer es violada cada 6 minutos.

Una mujer es asaltada por su compañero cada 15 minutos.

Más de un 50% de las mujeres son golpeadas alguna vez en su vida.

Más de un tercio son golpeadas repetidamente cada año.

Del 25 al 45% de las mujeres que fueron golpeadas estaban embarazadas.

El 95% de los informes policiales sobre violencia doméstica se refieren a hombres que han golpeado a sus compañeras...

9 de cada l0 mujeres asesinadas murieron en manos de hombres...

4 de cada 5 asesinatos ocurren en el hogar.

El 30 % de las mujeres víctimas de homicidio murieron en manos de sus esposos o novios.

Aunque casi el 30% de las mujeres víctimas de la violencia fueron asesinadas por sus esposos, ex-esposos o novios, solo el 3 % de los hombres fueron asesinados por sus esposas, ex-esposas o novias.

El crimen no es un fenómeno moderno, ha existido a lo largo de la historia. Ha sido una conspiración silenciosa que afecta mayormente a la mujer.

El 95% de las víctimas son mujeres de todas las esferas sociales, raciales y culturales.[11]

Ciclo de violencia

Puede repetirse innumerables veces en una relación abusiva. Cada etapa lleva un tiempo que varía de relaci6n en relación, y el ciclo total puede desarrollarse tanto en unas pocas horas Como puede tardar un año o más en completarse. Vemos que el abuso emocional está presente en las tres etapas.

1: FASE DE TENSIÓN

~El abusador puede Buscar pelea...
~La victima puede sentir que camina sobre un filo todo el tiempo.
~El abusador puede Mostrarse celoso o posesivo.
~La victima puede intentar razonar con él.
~El abusador puede criticar, amenazar.
~La victima puede tratar de calmarlo.
~El abusador puede Beber, usar drogas.
~La victima puede intentar ayudarlo
~El abusador puede mostrarse anímicamente impredecible
~La victima puede mantenerse en silencio
~El abusador puede Hacerse el loco en ocasiones
~La victima puede sentirse atemorizada o ansiosa

2:- FASE DE CRISIS

~El abusador puede usar el abuso verbal
~La victima puede sentir temor, situación de shock

~El abusador puede usar ataques sexuales
~La victima puede protegerse a sí misma y a sus hijos
~ El abusador puede usar el abuso físico
~La victima puede defenderse
~El abusador puede aumentar el control sobre el dinero
~La victima puede pedir ayuda
~ El abusador puede restringir las libertades del otro
~La victima puede intentar abandonar el hogar
~El abusador puede destruir el teléfono u otros objetos
~La victima puede rogar que se detenga
~El abusador puede usar ataques emocionales
~La victima puede hacer lo necesario para sobrevivir

3:- FASE DE CALMA

~ El abusador puede pedir perdón
~ La victima puede perdonar
~ El abusador puede prometer que no volverá a suceder
~ La victima puede volver al hogar
~ El abusador puede dejar de beber o usar drogas
~ La victima puede buscar un consejero
~ El abusador puede Acudir a un consejero
~ La victima puede sentir esperanza
~ El abusador puede mostrarse afectuoso
~ La victima puede sentirse manipulada
~ El abusador puede retomar la intimidad
~ La victima puede culparse a sí misma

~ El abusador puede minimizar o negar el abuso
~ La victima minimizar o negar el abuso

FASE DE TENSION

El hombre se encuentra alterado y disgustado. Va aumentando la tensión hasta transformarse en ira. Como la esposa conoce esta situación, intenta evitar que sus acciones o palabras sean el motivo que detone la explosión, se somete a la voluntad del hombre e intenta calmarlo. Esto puede durar un periodo de tiempo variable, pero termina siempre en una agresión explosiva.

FASE DE CRISIS

El hombre está fuera de control, culpa a la mujer por haberlo provocado y decide darle una lección. Aquí se pasa a la acción, que puede ir desde agresiones verbales hasta empujones físicos de distinto grado, que pueden llegar incluso hasta la muerte. La víctima, entretanto, no reacciona porque cree que si lo hace provocara daños mayores. Teme pedir ayuda porque piensa que eso será motivo de abusos mas graves en el futuro. Para que otros no se den cuenta, esconde los resultados del abuso y se culpa a si misma por moretones y heridas

FASE DE CALMA

Es la etapa en la que el agresor estimula a su víctima para que permanezca a su lado. Se muestra sentido y arrepentido, pero nunca se hace responsable por lo que hizo. Más bien, sugiere que si su esposa no lo provocará, podrían vivir más felices y en paz.

En esta etapa, el hombre se comporta de manera amable, le hace regalos y la hace creerse importante. La victima cree que está verdaderamente arrepentido y que va a cambiar. Pasa a tener un optimismo ilusorio basado en falsas promesas. Por el bien de la familia, decide perdonarlo y darle una nueva oportunidad. Así el ciclo recomienza. Pueden pasar horas o meses, e incluso suceder en diferentes momentos de un mismo día.[12]

Arresto

El capellán de aplicación de ley aprenderá de primera mano acerca de la violencia doméstica. Él o ella serán llamados (a) de vez en cuando para acompañar a un agente de policía a la escena de un caso de violencia doméstica. El capellán debe aprender pronto que él o ella no está en un papel pastoral, especialmente en estas incidencias. La mayoría de los policías y los departamentos de corregidores tienen reglas estrictas de políticas de arresto de perpetradores de violencia doméstica. El capellán puede encontrarse en la posición de tener que tomar una decisión en favor de un lado u otro. Esto no es solamente peligroso, sino que puede poner al capellán y al agente de policía en situaciones precarias, sino peligrosas.

Los capellanes en su papel pastoral dentro de la iglesia pueden ser llamados por un miembro de la familia para ayudar a resolver algún conflicto entre el esposo y la esposa u otros miembros de la familia. La ley no toma en consideración la relación de una persona con su iglesia, su relación personal con Cristo, o ninguna otra situación a la que el pastor pueda apelar durante sus visitas a miembros que están involucrados en un conflicto doméstico. Los pastores muchas veces piensan que pueden "resolver el problema" o "arreglar las cosas". Mientras que ellos hayan podido hacer esto, una vez que se llama la policía, la dinámica de una disputa doméstica cambia radicalmente.

Un capellán que acompaña al policía debe estar allí para ayudarlo. La razón principal para que el capellán esté con el policía es ser una ayuda y no un tropiezo. En la mayoría de los casos en que un funcionario responde para intervenir en un caso de violencia doméstica, y hay evidencia de agresión, el funcionario hará un arresto. Este arresto es obligatorio por la ley. Muchos capellanes se sienten incómodos con las políticas de arresto implantadas por la mayoría de los estados y los países. Los capellanes, así como los pastores, están acostumbrados a resolver situaciones como estas. Por esta razón, el capellán de servicio comunitario debe estar al tanto de las políticas de violencia doméstica bajo las cuales los funcionarios de la ley trabajan. Si un capellán no puede apoyar las acciones del funcionario, se le aconseja no servir en esta capacidad.

Protección.

Las órdenes de protección y otros documentos legales se usan frecuentemente después de una incidencia de violencia doméstica. A las víctimas de violencia doméstica se les recomienda pedirle a un magistrado un documento legal de protección contra el responsable de la violencia doméstica. Ningún documento puede impedir físicamente que el agresor abandone la violencia, pero es el mejor medio legal para frenar al agresor hasta que sea arrestado y puesto en la cárcel.

Frecuentemente las órdenes de protección son consideradas como un mecanismo injusto porque pone a un miembro de la familia contra otro. Por ejemplo, una mujer que está siendo amenazada físicamente por su esposo, puede pedir tal orden. Esta orden posiblemente puede prohibir que el esposo se acerque a cierta distancia de su hogar, familia, trabajo, suegros, algunos amigos, etc.

Desafortunadamente esto es visto como algo muy vengativo e innecesario. Pero a pesar de sus abusos, estos instrumentos son todavía necesarios para la protección de los que son en verdad víctimas, y especialmente si son víctimas inocentes. Aquí nuevamente el capellán puede pensar que él o ella "realmente" saben lo que está sucediendo y cree que la orden de la corte es un error. Sin embargo, el capellán debe, por todos los medios, colaborar con la ley bajo estas circunstancias. No siempre será un final feliz pero usted habrá hecho lo correcto. El Dr, Valdez analiza: "*Males soterrados, que se cometen por debajo de la moral en toda negociación social. La cultura del engaño, el oportunismo, el abuso del prójimo, el abuso de autoridad, y el irrespeto al espacio ajeno, a la mujer del prójimo, a su propiedad, al carril en que transita en la calle. El espionaje telefónico para fines morbosos y oscuros. El irrespeto al vecino, el que le pone una música que le daña los oídos, el que pone un colmado barra en un residencial y le intranquiliza, y le roba el espacio donde juegan sus hijos, y hace que te tire a la calle por donde viene un conductor loco, desatinado y borracho que le golpea, y le manda al hospital donde no hay medicamentos a veces para lo más elemental, o en el peor de los casos le mata, y su esposa e hijos quedan desamparados a la peor suerte, y cuando al fin aparece alguien para ayudarla, es un verdugo que quiere ocupar su lugar, amenazándola con una pistola o abusándola sexualmente.*"[13] Este análisis me recuerda una canción del compositor dominicano, Mamerto Martínez que dice: ***"este mundo ya no es el mismo que fue ayer, su atractivo de paraíso dejó de ser...*"** pero es el mundo en que nos tocó ministrar y lo haremos para gloria de Dios y mejoría de la comunidad en la que estamos.

Refugios.

Es necesario que los capellanes se familiaricen con "guarniciones" y "las casas de protección" disponibles en su área para las víctimas de violencia doméstica. Estos refugios y casas de protección se definen por sí mismas. Esto es están para mantener seguridad y protección. El capellán de servicio comunitario debe honrar esta confianza. El capellán conocerá rápidamente dónde están ubicados estos refugios mientras que él o ella continúan trabajando para las agencias policíacas. Es importante que el capellán no vaya a revelar esta información. Las mujeres golpeadas, hombres y otros miembros de familia no tendrán un refugio seguro ni un claro sentido de seguridad si esta información es revelada.

La mayoría de los refugios y las casas de seguridad son operadas por organizaciones que tienden a operar con un "presupuesto de zapato apretado". Ellos no podrán permanecer operando si tuvieran que cambiar de lugar continuamente a causa de violaciones de seguridad. Es, por lo tanto, muy importante que el capellán comprenda la confianza que se le ha dado con respecto a la seguridad de otros quienes deben confiar en la discreción del personal de aplicación de ley.

Centros de Crisis.

Los Centros de Crisis no son tan diferentes a los refugios y casas de seguridad con respecto a la confidencialidad y protección del cliente. Los Centros de Crisis lidian no solamente con situaciones de abuso físico, sino también con casos de violación, embarazo, post-aborto, suicidio y embarazo de adolescentes. Esta lista no es exhaustiva, pero varía de comunidad a comunidad. El capellán debería estar bien informado con respecto a estos centros.

El podría ofrecer servicio voluntario en alguno de estos centros. El capellán está entrenado, mayormente, en la intervención en casos de crisis y sus habilidades y los talentos pueden ser muy valiosos al tratar algunas de las situaciones que se presentan en estos centros. Frecuentemente ministros, especialmente ministros relacionados con la ley, es decir, los capellanes, son llamados a ser parte de la junta de directores u otro cuerpo gobernante de los centros de crisis.

Un punto de importancia que el capellán debe recordar es que no todos los empleados que trabajan en centros de crisis son profesionales. Esto no implica que sean deshonestos o sin integridad, pero frecuentemente personas que han estado ellos mismos en situaciones similares son los que ofrecen sus servicios a los centros. Esto es algo noble y meritorio, sin embargo, puede ser que no estén tan diestros o entrenados como es necesario. El capellán puede aportar un balance muy necesitado en este ambiente.

Testigo /Victima

El Programa del Testigo Víctima se tratará más adelante en esta sección, pero es necesario que el capellán sepa que una víctima de violencia doméstica necesita tener una plática con el coordinador del programa Testigo/Víctima lo antes posible. Este coordinador ayudará a la víctima a seguir el progreso de su caso y los ayudará a mantenerse al tanto de los términos y derechos legales. Ocasionalmente, el capellán puede intervenir abogando a favor de la víctima en casos donde el haya sido un miembro del grupo que fue llamado originalmente a la escena de violencia.

Papel que jugará el capellán de primera mano cuando responde a una llamada de un caso de violencia doméstica con agentes de policía. Idealmente, un capellán de experiencia y un representante del Departamento de Policía deberían estar presentes cuando se enseña esta clase. Los acontecimientos durante un caso de violencia doméstica son tan complicados que cada situación será casi completamente diferente de las demás.

Todas las circunstancias son diferentes, la gente es diferente y la causa que condujo hasta el acto de violencia es diferente. Los casos de violencia doméstica son impredecibles a menos que la misma situación ocurra varias veces. Cuando esto sucede casi siempre son disputas con base en una lucha de poder entre dos lados opuestos. La agencia policíaca realmente llega a ser un socio de uno de los lados. Esto es, el partido dentro de la disputa que se hace "la víctima" confiará en los policías como su fuente de poder. Consecuentemente, termina usando a la policía como una manera de controlar al otro.

Al principio esto puede parecer que es precisamente lo que uno debe hacer si está siendo agredido(a), pero con frecuencia después que los policías llegan, la persona que los llamó únicamente quiere asustar a su compañero con la presencia de los policías, realmente no hace nada para imponerle cargos por el abuso.

Disputa de Violencia Doméstica

Cuando un capellán va con un funcionario a la escena de una disputa de violencia doméstica, él debe estar preparado, por lo menos mentalmente, para cualquier cosa que suceda. Si el capellán siente que no es capaz, o no está dispuesto a ayudar al funcionario, aun cuando haya restricción física del culpable, se aconseja no participar en este aspecto del ministerio policíaco. Con toda seguridad, el capellán andará metido en algún tipo de riña física si responde a llamadas de violencia doméstica. En muchos casos el capellán será un espectador en una situación doméstica, pero experimentará regularmente “caos total” en tales casos. Su envolvimiento en esta parte del ministerio tendrá que ser predeterminada mucho antes de que responda la llamada.

Llamada de Violencia Doméstica.

El capellán debe establecer una buena relación con el funcionario con quien trabaja. Esto no siempre es tan fácil como parece. El funcionario sabe el peligro de su trabajo y particularmente los peligros de una llamada de violencia doméstica. Recuerde que si un agresor está decidido a dañar a las personas que lo aman, que que le impedirá dañar al capellán o al oficial. El capellán debe ganar la confianza del funcionario. Esto se logra siguiendo instrucciones y actuando de una manera que refleje los mejores intereses del funcionario.

Si el funcionario siente que el capellán está allí para ganar un “mérito espiritual” el capellán no se ganará la confianza del funcionario. El capellán debería preguntarle al oficial lo que desee que el capellán haga, y entonces debe hacer esas cosas cabalmente como el funcionario le indique. Cuando el oficial entiende que el capellán no va a “ser un estorbo” y puede seguir instrucciones, se desarrollará una relación que será beneficiosa y duradera para ambos.

Un principio muy importante que el capellán debe recordar es; quítese del lugar y deje que el oficial haga su trabajo. Aunque este consejo puede sonar muy fuerte y denigrante para el capellán, es de hecho el primer paso hacia una relación fructífera y duradera entre el capellán y los funcionarios donde él/ella sirve.

Qué Hacer y Qué no Hacer.

En seguida esta es una lista simple de cosas que se deben hacer y las que no se deben hacer cuando se responde al llamado de un caso de violencia doméstica junto con un funcionario

Que Hacer....

* Permanecer a la retaguardia y al lado del oficial cuando toquen la puerta.
* Llamar y requerir respal3do policíaco, cuando la situación no parece estar en control
* Inspeccionar la sala y a las persona en busca de armas.
* Permanecer alerta por si hubiera otra persona en la casa o apartamento.
* Hacer conversación con la persona(s) con la(s) que el oficial no está hablando.
* Permanecer parado en todo momento (hasta que la situación se arregle)
* Mantener contacto visual con el oficial.
* Prohibir a los sujetos tener contacto visual uno con otro.
* Permanecer calmado.
* Apoyar al oficial.
* Siempre recordar quien está en control (el funcionario).

Que no Hacer.....

*- Entrar en la casa o apartamento al frente del oficial.
*- Permitir a los sujetos mantener contacto visual.
*- Permitirle a una persona salir de la sala sin un oficial o capellán con él.
*- Permanecer sin decir nada si ve un arma.
*- Permitir a niños u otros sujetos distraer al oficial.
*- Ponerse entre el funcionario y los sujetos.
*- Ponerse a favor de cualquier sujeto.
*- Darle a entender a cualquier sujeto que usted tiene autoridad sobre el oficial.

Técnicas.

Como con todas las profesiones, hay ciertas técnicas que se deben aprender para hacer las tareas más fáciles y correctas. Al responder a una situación de violencia doméstica esto no cambia. El capellán necesita tomar clases sobre violencia doméstica. Los seminarios son ofrecidos por casas de refugio, centros de crisis y por la oficina del fiscal general. Especialmente en el caso de la fiscalía de Brooklyn que en este momento (cuando escribo este libro) está siendo dirigida por un fiscal que ha declarado públicamente su interés en los casos de violencia domestica, porque él durante su niñez vivió y sufrió el efecto de la violencia en el hogar.

Las técnicas a ser usadas a una escena variarán de oficial a oficial, en que ellos usarán lo que funcione mejor. Las técnicas oscilarán desde hacer que los sujetos se sienten mientras el oficial se mantiene de pie, hasta mantenerlos separados y mirando al lado opuesto uno del otro. Una técnica que es efectiva en una situación no belicosa es separar los sujetos, o ponerlos espalda con espalda. El oficial habla con un sujeto y el capellán con el otro.

De esta forma el capellán y el agente de policía siempre pueden mantener contacto visual y los sujetos no se pueden ver uno al otro, reduciendo así los mensajes corporales y mirados que pueden intimidar a la víctima de la violencia. Si el aparente culpable de la violencia es dócil mientras los policías están presentes, el capellán puede tener una conversación con esta persona mientras el oficial toma una declaración y calma a la víctima. Si el culpable no es dócil, el oficial puede tratar con este individuo primero mientras el capellán habla con la víctima.

Seguimiento.

Después de una situación de violencia doméstica, el oficial o los sujetos del caso pueden pedirle al capellán hacer arreglos para tomar consejería. Inicialmente, el capellán puede sentir que él o ella puede ser el consejero. Mientras que no hay nada éticamente o de otra manera incorrecto con esto, el capellán pronto se dará cuenta que él o ella tiene cada vez menos tiempo para llevar sobre sí mismo toda la carga de consejería de crisis que los policías manejan.

Es en este punto que el capellán debe reevaluar su llamado. ¿Es el capellán llamado a ministrar a los funcionarios de la agencia o a las víctimas de crisis y crimen? Inicialmente, el capellán sentirá que él o ella pueden hacer ambas cosas. Desafortunadamente, muy pocos capellanes tienen el tiempo o la energía necesaria para hacer ambas cosas.

El seguimiento de todas maneras es todavía necesario.

El capellán puede establecer restricciones personales y aplicarlas estrictamente. La política puede ser que el capellán brinde seguimiento a los sujetos de violencia doméstica u otra crisis, por

cierto número de veces. Por ejemplo, algunos capellanes no harán más de tres visitas de seguimiento. Esto es suficiente para determinar si los sujetos son sinceros al recibir consejería y si les es de ayuda. También, en tres visitas los sujetos pueden ver el interés personal del capellán y por lo tanto pueden estar dispuestos a tratar asuntos espirituales con el capellán.

Recursos.

Los recursos para capellanes que ministran a las víctimas y sujetos de violencia doméstica pueden encontrarse y obtenerse en agencias policíacas estatales, del condado y locales. La mayoría de los condados tienen un Departamento de Recursos Humanos. Dentro de esta agencia hay varias oficinas que lidian con casos de violencia doméstica, intervención en casos de crisis, servicios protectores, etc.

El Departamento de Recursos Humanos puede ayudar identificando ciertas leyes que benefician a las víctimas de violencia doméstica. También, esta agencia puede ayudar a los capellanes para que se informen acerca de las órdenes de protección y ex-partes.

Labor pastoral de un capellán

Hoy día, el término capellán hace referencia a aquellos ministros que ejercen su labor pastoral en instituciones públicas y privadas representando no a una iglesia en particular, sino al creador y sustentador de todas las cosas en el vasto universo. El capellán es el único miembro del ministerio eclesial que no espera que la gente le venga a él con sus necesidades, sino sale a buscar a los necesitados en donde estén.

La presencia de alguien que persigue ayudar es siempre buena para el que sufre, y esto se puede decir de los capellanes por que su presencia se hace notoria tradicionalmente donde hay dolor, amargura, soledad y sufrimiento; en asilos, cárceles, hospitales, instalaciones militares, fabricas, centros de estudios y otros lugares donde hay necesidad. Su socorro y consejo espiritual se extienden a las universidades, agencias públicas como el cuerpo de bomberos y policías, clubes cívicos, instituciones benéficas, y en los barrios bajos y la calle misma.

Pero en todo esto ¿qué persigue un capellán? A esta pregunta me atrevo a responder que un capellán busca la conversión de la gente, mas, quiero que se entienda a plenitud ¿qué es conversión? La conversión de la que popularmente se habla en los medios evangélicos es la de una persona que reconoce sus pecados, los confiesa ante Dios, se aparta y se une a una iglesia cristocentrica. Pero para otros la conversión es algo más y diferente, por ejemplo para Bernard Lonergan, Teólogo Católico romano, la conversión es tridimensional:

Es intelectual en cuanto a que comprende nuestra inclinación a lo inteligible. Es moral en cuanto a que comprende nuestra inclinación a lo bueno. Es religiosa en cuanto a que comprende nuestra inclinación a Dios. Estas tres dimensiones son claramente diferentes, de modo que conversión puede ocurrir en una dimensión sin ocurrir en las otras dos, o en dos dimensiones sin ocurrir en la otra. Al mismo tiempo las tres dimensiones son solidarias. La conversión en una lleva a la conversión de las otras dimensiones, y la recaída en una antecede la recaída en el resto (...) El cristiano autentico lucha por la plenitud intelectual, moral y religiosa de la conversión.

Sin la conversión intelectual esta tiende al error en un mundo donde gobierna el intelecto, y el mal entendimiento de las palabras que Dios ha hablado dentro de ese mundo.

Sin la conversión moral el hombre tiende a la búsqueda no de lo que es en verdad bueno, sino de lo que es en apariencia bueno.

Sin la conversión religiosa está desesperadamente solo: "sin esperanza y sin Dios en el mundo" Efesios 2:12)[14]

Las funciones del capellán son varias dependiendo de las necesidades que las personas presentan y las instituciones en que trabaja. Pero siempre es un representante de Dios, un pastor espiritual, "y un consejero". En los últimos años ha surgido entre los evangélicos un ministerio en el que se agrupa un buen número de hombres y mujeres y forman una institución a la que ellos llaman capellanía, esto no es malo, pero no es lo que se conoce como capellanía; una capellanía es un capítulo o una comisión autorizada por una institución religiosa que sea legalmente constituida.

El respaldo y la acreditación de un capellán se lo da su iglesia, no una institución creada al margen de la misma, el capellán no debe exhibir mucho el nombre de su iglesia cuando ministra, pues debe ministrar el bien para todos no tomando en cuenta la creencia de la gente, pero cuando se trata de sus credenciales estas deben ser respaldadas por la iglesia de la que es miembro, no por la iglesia local, sino por la institución responsable de la iglesia local. Ahora bien hay iglesias que no tienen la capacidad de formar su propia comisión de capellanes, en tales casos se les recomienda autorizar a los interesados para que formen parte de los capellanes de otra iglesia en lo que forman su propio capitulo.

Representante de Dios

Como "representante de Dios," lleva ante el Señor las necesidades de su pueblo. El capellán está atento a oír las penas y temores de la gente; comparte sus alegrías y esperanzas y los levanta después de los fracasos. Por su interés personal, su disposición de compartir con la gente en lo bueno y en lo malo, y por el socorro que les da, la gente siente el amor de Dios.

Pastor espiritual

Como "pastor espiritual," el capellán le recuerda a la gente que solamente hay vida en Jesucristo y que nuestra vida solamente tiene sentido en él. Además le recuerda a la gente de la importancia de seguir los principios de vida establecidos por Dios. Su presencia bendice a la gente y les da fortaleza a seguir adelante un día a la vez, manteniendo la vista en Cristo. En los momentos más difíciles de la vida se necesita a un capellán y tenemos miles de personas que quieren serlo, solo se requiere que las instituciones eclesiásticas lo entiendan y le den su cobertura.

Consejero cristiano

Como "consejero cristiano," el capellán ayuda a la gente a utilizar sus recursos espirituales, y de tomar decisiones de acuerdo con la voluntad de Dios. Oye a la gente y les comparte sabiduría. Les da calma espiritual y tranquilidad mental para que puedan salir de sus problemas, el consejero no le dice a la persona qué hacer y cómo hacerlo, sino que le ayuda para que entienda dónde está y hacia dónde quiere llevar su valiosa vida.

Al empezar un ministerio, se tiene que entender que su ministerio no en una iglesia sino que debe buscar la dirección de Dios en cuanto al tipo de institución en que desea ministrar. Generalmente son instituciones en las que las personas tienen muchos problemas y donde no siempre le van a sonreír. Recuerde dependemos de Dios para abrir las puertas a estas instituciones y tocar los corazones de las personas que los administran. Es de suma importancia conseguir permiso para entrar y luego hay que seguir las reglas de la institución al pie de la letra.

Si se quiere conocer el ejemplo clásico de tener que seguir la política de una institución, solo vea las reglas de las cárceles que gobiernan tanto a los presos como a los visitantes. Yo he podido entrar a hablar con los presos con mucha libertad en algunas cárceles de América Latina, pero en las cárceles de los EEUU se tiene que conseguir permiso para poder entrar con los presos y tener servicios o estudios bíblicos. Hasta se pide un reporte criminal de la persona que solicita el permiso, y si es aprobado tiene que pasar por un entrenamiento en donde le informen, más bien le advierten de lo que se permite y qué no se permite hacer adentro de la cárcel. Hay reglas limitando lo que se puede llevar adentro o fuera de la cárcel y estas reglas hay que seguirlas.

Al capellán se adiestra a no prestarse a las trampas y desmanes de los presos para sacarle dinero ni de pasar mensajes. Es bueno tener un corazón bondadoso, y poder ayudar al necesitado, pero este no es un trabajo para débiles de carácter, y siempre hay que seguir las reglas.

El caso de la cárcel también puede ser un ejemplo de cómo el capellán puede inventar su trabajo. Tengo un amigo que le fue negada la entrada a la cárcel y este no se desanimó. Ha optado por pararse fuera de la cárcel, repartiendo folletos y hablando con los familiares de los presos, que también tienen necesidades grandes. Con una invitación de parte del preso o sus familiares, él puede visitarlos como visitante regular y comunicarse con ellos por correo, y a veces hasta por teléfono. Después de todo, él es un capellán de cárcel.

De igual forma va a ver pólizas que seguir en los asilos de ancianos, hospitales y orfanatos etc. Tome el tiempo de conocer a los administradores de su agencia. Pregúnteles cuáles son las necesidades de la institución y cómo usted puede ayudar. Trabaje dentro del sistema que hay no trate de cambiar nada. Sea fiel; si usted promete venir cada semana en un día y una hora fija, cumpla con su palabra y si por alguna razón en una ocasión no va a poder estar presente, llame con tiempo y dígalo a la persona apropiada. Al ver su sinceridad y fidelidad, y el bien que usted hace por la gente, más confianza le tendrán y más oportunidades le serán dadas, no solo a usted sino que esto abre las puertas para otros ministerios. Siempre ministre a las necesidades de toda la gente sin tomar en cuenta su religión.

El capellán debe conocer y puede utilizar los servicios sociales ya existentes en su comunidad. Siempre hay recursos cerca de nosotros. Quizá usted no tiene los recursos para ayudar, pero sí puede informar y llevar a la gente a donde se puede conseguir ayuda y mejorar su vida. Mucha gente pobre ignora, que hay riquezas muy cerca de ellos; no saben que hay agencias que los puede ayudar en sus problemas de: drogadicción, de salud, o legales, etc. El capellán puede servir de intermediario y a la vez dar un testimonio de Dios. Es de suma importancia que el capellán esté seguro de que está recomendando y enviando a la gente a un buen lugar. De igual manera establezca una buena relación con la gente que maneja estas agencias para que tomen en cuenta a las personas que usted recomienda, por lo general las agencias de servicios comunitario están necesitando ayuda, si usted le propone aportar tres o cinco horas a la semana o x horas al mes ellos lo tendrán en alta estima. Por lo general los trabajadores sociales tienen muy buen corazón, pero todos trabajan con recursos limitados.[15]

Quizá llegará el día que Dios engrandezca su ministerio y visión, y usted puede establecer una institución benéfica. Cuando Dios está en ello, lo poco es mucho. En cuanto a recoger fondos para financiar un ministerio, pídales a todos, o sea ofrézcales a todos la oportunidad de hacer el bien, no importa la religión. También comparta su visión y necesidades con los políticos y gente de sociedad. Dios puede mover el corazón de todos.

Las mujeres que se dedican a la capellanía se pueden dedicar a un área de gran necesidad, que es la protección de mujeres sufriendo de abuso sexual y la violencia doméstica. Estas mujeres necesitan consejería cristiana, asesoramiento legal, y un refugio en donde pueden esconderse con sus hijos de sus esposos o compañeros violentos. Refugios de este tipo, igual que clínicas de recuperación de adicciones, merecen el apoyo económico de la comunidad.

Para trabajar con los jóvenes usted puede conseguir recursos de organizaciones y empresas que lo respalden. Quizá le inviten a trabajar con ellos. Si le encantan los niños y jóvenes considere trabajar con clubes bíblicos para niños en hogares. Esto también le dará oportunidad de dar clases de cómo ser buenos padres o de alfabetización de adultos. Investigue las publicaciones de diferentes editoriales sobre la evangelización de niños, jóvenes y otros materiales afines.

Si usted tiene contacto con el cuerpo de bomberos o policías, ofrezca ser su capellán voluntario y preséntese en la policía o estación de bomberos. Así usted podrá aconsejar a los oficiales y sus familias en tiempos de crisis, visitar y orar por oficiales enfermos o lastimados. Acompañarlos a hacer notificaciones de muerte, asistir en incidentes de suicidio, proveer por las necesidades espirituales de los presos y ayudar a la gente desamparada y víctimas de fuego o crímenes.

Le recomendamos que esté presente en el tiempo señalado, no solo cuando hay problemas para que no se cree la fama de ser un ave de mal agüero. También tendrá la oportunidad de orar en ceremonias especiales de premiación, graduaciones y dedicaciones de edificios.

El capellán de hospital puede orar con los enfermos y avisar a su ministro o familiares de su condición. También puede ministrar a los familiares del enfermo en la sala de espera. Después puede visitar a los enfermos en casa, animándoles en su recuperación y presentándoles el plan de salvación. El capellán de asilos de ancianos puede dar compañerismo y organizar programas religiosos o musicales para personas que no pueden salir mucho y a veces están sin visitas familiares. Podrá realizar tareas con los pacientes, siempre con permiso de la agencia con la que trabaja; podrá recortarlos, cortarle las uñas, organizar fiestas de cumple años. Ser capellán no es un trabajo de "glamur." Recuerden que Jesús también lavó los pies de sus discípulos.

Este ministerio opera en instituciones privadas al igual que públicas. También sirve para tener alcance a vidas como deportistas, militares, policías, bomberos y funcionarios públicos. El capellán usualmente puede llegar a donde otros ministros se le cierran las puertas. Si este sabe llevar su ministerio en el amor de Cristo y la guianza del Espíritu Santo, puede encontrar mucha satisfacción en su labor y mucho respeto en medio del pueblo. La capellanía es también un medio muy útil cuando hay que establecer programas de alcance dentro de la iglesia. Por ejemplo, un capellán puede estar a cargo de ayudar a mujeres abusadas, niños abandonados, rehabilitación de adictos, personas con enfermedades incurables, ancianos, entre otros. Aunque es el ministro que más envuelto está en funciones sociales, su propósito principal es el de mostrar el amor de Dios y por medio de ese amor revelar que Jesús es la respuesta a toda necesidad del ser humano...

Este ministerio requiere de una persona con madurez espiritual y con un corazón de siervo. No puede ser una persona inconstante ni tampoco una persona que tenga miedo de hacer un compromiso. El capellán es un verdadero embajador del Señor quien refleja al mundo la Salvación de Dios por medio de su Hijo.

CAPITULO 4

La realidad dentro de la prisión

Prisión y Cárcel

"La necesidad es grande. Hay más 4,000 cárceles en los E.U.A., 800 instituciones juveniles, 600 prisiones estatales y 50 instituciones federales. En cualquier día determinado, un millón de personas se restringirán dentro de estos sistemas. Arriba de nueve millones de personas pasará algún período de tiempo en la cárcel cada año.

Los presos están separados de sus familias, solitarios, temerosos, frustrados, tienen pocos amigos, tienen muy poco (si algo) material religioso, están quebrantados, inútiles y en desesperación. La edad promedio de personas en las prisiones de los Estados Unidos de Norteamérica hoy es de veintisiete años. Vienen de un hogar destruido (75%)

o de un hogar donde había poco amor familiar. El preso promedio tiene nueve años de estudio, pero realmente solo adquirió lo equivalente al séptimo grado de educación. Tiene muy poco entrenamiento vocacional, y comúnmente ha trabajado ganando el sueldo mínimo, si es que ha trabajado. Más del 60% de presos no terminaron la escuela superior. -90% sufrieron abuso como niños. Casi el 50% han usado drogas o alcohol. -Aproximadamente el 75% viene de hogares destruidos."[16]

Los presos se ven a sí mismos como "perdedores de la vida". *Ellos sienten que la vida es "ellos contra nosotros." "Ellos", incluye los policías, las cortes, los jueces, los abogados, los alcaides, los funcionarios de la prisión, los capellanes, los predicadores, los pastores y las iglesias, en fin toda persona institucionalizada. "Nosotros" representan todos los otros "perdedores" que han sido arrestados y encarcelados. Los individuos sienten que son las víctimas de injusticia. Es difícil para ellos aceptar el hecho de que ellos son los responsables de ser arrestados. Los presos fácilmente se unen con otros para expresar su desafío en contra de la ley y la autoridad, a veces vocalmente expresando resentimiento contra la sociedad.*[17]

Vida en Prisión

Una cárcel o la prisión son muchas cosas. Es un lugar donde el primer prisionero que usted ve parece un muchacho americano de colegio como todos y usted se sorprende. Es un lugar donde usted escribe cartas y no sabe qué decir, donde usted gradualmente escribe menos y menos cartas, y finalmente deja de escribir completamente.

Una prisión es un lugar de poca esperanza. En algunas prisiones los comentarios de Dante acerca de la esperanza son aplicables *"Todo el que entre, aquel abandone la esperanza."* La prisión es un lugar donde la flama de la vida se opaca despacio. *No sólo están vigilados en el interior del recinto penitenciario por los responsables de seguridad, además están vigilados las 24 horas de día por los curiosos internautas que se conectan con el objetivo de saber lo que ocurre en cada momento. Los presos de la cárcel de la calle Madison de la oficina del sheriff del Condado de Maricopa son grabados por las cuatro cámaras instaladas dentro del recinto; ello supone que la gente de fuera se percate de lo sucedido en su interior, conozca los comportamientos inapropiados de los presos, o tal vez contemple imágenes demasiado violentas.*

Es posible que sea una buena estrategia, una forma de evitar que la gente de fuera cometa delitos, en este caso podría ser válido el refrán de "el que avisa no es traidor". Contemplar como una pareja de hombres y otra de mujeres es esposada a la entrada de la cárcel sólo es posible conectándose a una webcam que está en funcionamiento durante todo el día; dentro de una web que te ofrece el estilo de vida que llevan los presos del condado de Maricopa.

Algo inusual, pero asimismo se trata de un proyecto que pretende hacer recapacitar a la gente de fuera que desconoce lo que es la vida dentro de la cárcel. Meterse en el papel de los presos, sentirse por un día gente privada de libertad, y en este caso de intimidad, en definitiva sentir muy de cerca lo que es pagar las consecuencias por infringir la ley. Poner en antecedentes a la gente de fuera, una especie de aviso prematuro, ver con tus propios ojos la vida que te espera si incumples el reglamento establecido.

Dentro de la cárcel es muy común ver el seguimiento que se lleva para la identificación y asignamiento de celdas a los presos, los internautas pueden observar cómo a los presos se les comunican sus derechos, cómo se les toman sus huellas dactilares, en conclusión acciones cotidianas que hasta entonces únicamente conocía y vivía de cerca el personal del establecimiento penitenciario.[18] La llama de la vida para algunos sale flameante, pero para los demás simplemente parpadea débilmente. A veces destella brillantemente, pero nunca llega a flamear como lo hizo alguna vez.

Una prisión es un lugar donde usted mantiene los dientes apretados, donde usted aprende que nadie lo necesita, que el mundo de afuera sigue sin usted. La prisión es un lugar donde usted puede pasar años sin sentir el toque de manos humanas, donde usted puede pasar meses sin oír una palabra bondadosa.

En mi opinión la mejor descripción de la cárcel por dentro está en los escritos del señor Florencio Resello Avellanas, cuyas notas las coloco a continuación:

Miedo a la cárcel

El ingreso en prisión supone un terrible pánico en el interno, especialmente cuando esta es su primera entrada. Se siente objeto de uso y abuso, cree que todo el mundo está pendiente de él. Muchos primarios llegan a la auto-agresión o simulación de enfermedad. Son tremendamente desconfiados. Llegan a pensar que el mundo se acaba aquí y que no van a salir de prisión.

Impotencia

La persona, cuando es internada en una prisión, es desconectada de la realidad, deja de ser sujeto activo de su situación, para ser sujeto pasivo en manos de "otros", de una situación que van a resolver otros por él. Esta impotencia se ve agravada por los problemas derivados de su ingreso en prisión, como son los problemas de tipo familiar. Es muy triste escuchar a padres de familia que llenos de rabia e impotencia, y con lágrimas en los ojos, no pueden hacer nada por los suyos. Esta impotencia les lleva a plantear el alargar su condena por la solución del problema familiar.9

Complejo de inferioridad

La {prisionización} (el habituarse al mundo de la prisión) lleva al interno a considerarse como inferior a las personas libres. Creen que nunca podrán subir de escalafón social, y que su signo está ligado a la marginación y la prisión, pues en su vida no han conocido otro tipo de referencias. Este sen-

timiento es tremendamente negativo, pues el interno elimina todo esfuerzo de superación por afrontar su situación personal y luchar por normalizar su vida cuando salga en libertad.

Se consideran a sí mismos «carne de cañón». Hay que combatir la idea de lo definitivo, y repetir que el delito no es un estado permanente, sino transitorio, y que el delincuente que pasó una parte de su vida sin serlo, puede volver al estado anterior: la fatalidad que le permitió vivir en paz con la ley, no le impedirá reconciliarse con ella.

Falta de intimidad

La Ley Orgánica General Penitenciaria en su artículo 13 nos dice «los establecimientos penitenciarios deberán contar en el conjunto de sus dependencias con servicios idóneos de dormitorios individuales...», a su vez en el artículo 19 manifiesta "todos los internos se alojarán en celdas individuales...». La realidad actual de nuestras prisiones hace inviable este derecho, con el consiguiente perjuicio de las personas que están en prisión. Esta falta de intimidad lleva a una pérdida de personalidad e identificación consigo mismo, debido a la constante relación con otros internos.

A su vez se corre el riesgo de embrutecer y enfriar los sentimientos, perdiendo sensibilidad tanto en sus relaciones como en sus expresiones.[19]

Falta de aliciente

Desgraciadamente, en muchas ocasiones, el preso es una persona sin esperanza. Le falta motivación e ilusión. No encuentra sentido a muchas de las actividades que hace dentro. El interno está en prisión en contra de su voluntad, y por lo tanto le cuesta colaborar con un sistema que le retiene a la fuerza. No es difícil escuchar en tono dramático «no se si saldré de aquí». Es un mundo apagado y opaco, duro en su estructura y duro en sus sentimientos. Esta falta de aliciente lleva como consecuencia una inconstancia en sus propósitos y voluntades, de hecho raro es el caso que un grupo de internos inicia una actividad y la terminan todos. Esta falta de aliciente y motivación produce inestabilidad e irregularidad en sus comportamientos. Cualquier contrariedad desestabiliza su equilibrio psíquico y emocional.

Necesidad de ejercer su responsabilidad

La cárcel destruye la responsabilidad del individuo, no decide, no actúa con libertad, la monotonía se adueña de su persona, *"es «como un reloj parado», no existe. Es difícil educar y formar para la responsabilidad en un ambiente de irresponsabilidad y de anulación de la persona.*

Los reglamentos debieran tener bastante elasticidad para dejar a la elección del recluso y a la manifestación de su personalidad todas aquellas cosas compatibles con el orden: muchas que parecen insignificantes, y que lo son para el que goza de libertad, tienen gran valor para el que esta privado de ella, y los empleados debieran ser, no aplicadores mecánicos de un artículo del reglamento, sino intérpretes de una idea: la de conservar en el penado la persona."[20]

Necesidad de autoestima

El preso necesita recuperarse, necesita quererse y amarse como persona, con todas sus capacidades afectivas. Es importante transmitirles todos los valores positivos que pudiese manifestar. El delincuente no es malo de por vida, sino un ser con posibilidades y potencialidades positivos. Encontramos en el preso, a la persona que se rechaza y se condena a sí mismo, un ser que se avergüenza de su propia realidad, muchas veces movido por el entorno negativo que la misma prisión le facilita. Su ser se anula por completo.

Aislamiento social

Cerrada la puerta de la prisión, una nueva vida comienza para el interno. Su vida cambia por completo y en nada se parece a lo que hace unos momentos ha dejado en el exterior. Es como si depositasen al preso en un almacén de hombres. Una nueva ley, un nuevo código ético y de relaciones entra en acción, el preso al final del recorrido cae en la cuenta que está en otra sociedad.

Inseguridad física

"Al preso se le ingresa en la cárcel «para garantizar la seguridad de la sociedad», pero a él ¿quien

le garantiza su seguridad física en el interior de la prisión? Este sentimiento es una constante preocupación en el interno, especialmente en el primario (que entra por primera vez). El desconocimiento del mundo de la prisión le lleva a imaginar mucho más que la propia realidad.

La presencia de peleas y enfrentamientos le transmiten una inseguridad vital grave. Inseguridad que por relación se traslada a la familia y a los ambientes cercanos al propio interno. La «custodia» de que habla el artículo primero de la Ley Orgánica General Penitenciaria, no supone en todos los casos el cumplimiento íntegro de dicho artículo, pues la monotonía de la prisión se ve alterada por enfrentamientos y violencias penitenciarias. Todo este sentimiento se traduce en los propios internos."[21]

Carencia familiar

"En el Año International de la Familia (1994) constatábamos cómo la violenta, ruptura y separación de muchas familias acaban con el ingreso en prisión de cualquier persona medianamente normalizada.

Hemos contactado el sufrimiento de muchos padres que tienen a su hijo en prisión, o de muchas mujeres que llevan con silencio el encierro de su marido, o niños que esconden con vergüenza la reclusión de sus padres. Desgraciadamente la familia es un tema que está muy ligado a la privación de libertad, pero siempre en sentido negativo. Nunca hemos visto como el ingreso de un miembro ha reforzado los lazos de unión de las familias.

Más del 75% de los internos han visto como su ingreso en prisión ha supuesto un perjuicio para la familia."[22] Esta realidad produce graves cicatrices en la persona privada de libertad: separación de algún familiar; el no poder abrazar a sus hijos; no poder verlos cuando quiera; en algunos casos abandono de la mujer tras un tiempo en prisión; en definitiva han visto desmoronarse todo lo que daba sentido a su lucha: por la familia.

Los sufrimientos compartidos con los seres queridos se hacen más llevaderos y más livianos. *"La idea de que los abandonen, de que el amor se enfríe y se pierda el cariño, es un suplicio mil veces mayor que la misma prisión. Los reclusos se sienten constantemente atormentados, pensando sin cesar en los que dejaron en la calle; más que por ellos mismos, sufren por los suyos.*"[23]

Falta de ocupación, Inactividad.

La visión más común de una prisión es ver a los internos paseando por el patio, a paso rápido, firme, seguro y decidido. También suele ser gráfica la imagen de hacer cola en el economato para comprar o tomar un café. O tal vez, escribiendo una carta., «la cárcel es el colmo del ostracismo y el aburrimiento».

Las pocas actividades que se organizan son por poco tiempo y afectan a grupos de internos muy reducidos. Por otro lado los cursos que se organizan en muy raras ocasiones sirven para una formación profesional de cara a su reinserción social y laboral en la calle. El estado permanente de inactividad conduce al embrutecimiento y a la más deplorable deformación del individuo. Si la ociosidad es la madre de todos los vicios, una madre fecunda de maldades es la cárcel.

Necesidades económicas

Ya nadie niega que en las prisiones estén los pobres. Toda persona que tiene relación con este mundo tan peculiar: funcionarios, capellanes, voluntarios, abogados, jueces, admiten como nota común la pobreza de sus moradores. Como es de suponer esta pobreza se agrava más todavía en la cárcel, donde la única forma de conseguir dinero, es a través del delito, se ha cortado con su ingreso en prisión.

A quienes solemos visitar con frecuencia las prisiones nos llama la atención la ausencia de personas ricas, y no podemos olvidar que *«el que deprisa se enriquece, no lo hace sin delito»*,[24] y en nuestra sociedad actual estamos viendo como aparecen nuevos ricos de forma rápida e indiscriminada.

Bernardino de Sandoval decía que *«no hay nadie más triste ni más pobre que el preso encarcelado»; y Cerdán de Tallada repetía «entre los pobres no hay ninguno que lo sea más que el triste, miserable preso encarcelado»*.[25]

Desprecio social

El preso es una persona a la que nadie o casi nadie quiere. Sufre el desamor y la incomprensión. Se le juzga judicialmente y socialmente, en ambos casos se le condena. Muchas veces estos juicios son de forma anónima, sin conocerlos, pero solo por el hecho de encontrarse en prisión ya son culpables. Se mete en el mismo grupo a todos los internos. Esta situación hace que se produzca un rechazo hacia la sociedad, culpabilizándola de todos sus males y desgracias, «la sociedad me ha hecho así», «soy producto de la sociedad».

Este desprecio social es mutuo, la sociedad rechaza a la prisión y a sus moradores, y los presos rechazan a la sociedad. Hoy en día se reclaman acciones conjuntas que acerquen ambas realidades. No podemos perder de vista que el futuro de los internos está en la sociedad, y que ésta tiene el compromiso moral y de justicia de acogerlos.

Indigencia social

Como decía Bernardino de Sandoval, en la cárcel están los pobres más pobres, que en nuestro lenguaje llamaríamos indigentes: internos que se encuentran solos (sin apoyo económico, social, ni familiar), no cuentan para nadie.

Su miseria condiciona la propia vida en la prisión, está solo, no cuenta ni para sus propios compañeros, pues «el tanto tienes, tanto vales» se hace patente en la prisión. El interno que así se encuentra tiene condicionado cada minuto de la prisión, condicionamiento que vendrá motivado por la necesidad de obtener algun beneficio de tipo económico material. El indigente se encuentra doblemente preso: preso en la cárcel y preso de su propia miseria y pobreza.

Solo y abandonado por sus propios compañeros de prisión.

Plano jurídico

Nos encontramos con muchos internos que conocen al abogado en el momento de la detención, y porque estaba de guardia en ese momento. Parece que el objetivo es cumplir unas horas, más que prestar un servicio y una asistencia técnica. Luego ese abogado se desentiende del caso. No obstante hemos de constatar que este obrar no es correcto, y que, según la Ley Orgánica 7/88, el abogado que inicie el caso en la guardia (continuará prestando asistencia jurídica hasta la finalización del proceso, salvo nombramiento de uno de su elección, por el imputado o impedimento legal de aquel...)

La realidad es que los canales de comunicación quedan lejos. El pobre tiene una asistencia letrada de puro trámite: en el momento de la detención y en el momento del juicio.

Lentitud en los procesos

Una encarcelación preventiva ya en si es punitiva y en cierto modo exterminadora, siendo así que el presunto culpable debe ser tratado como inocente mientras no se demuestre lo contrario. Y la realidad es que el preventivo, antes de juicio, ya es tratado como culpable. El juez debe pensar que detrás de los papeles está la persona, que hay vida, que hay sentimientos. No podemos permanecer insensibles a los papeles.

Carencias transcendentales

La fe, como elemento integrante de la persona, es cuestionada según las circunstancias concretas del individuo. El ingreso en prisión suele llevar al interno a culpabilizar a Dios de todos los males, "no existe Dios, dice, pues si es bueno, no me puede abandonar, ni puede permitir que me ocurra esto. Lo trascendente y lo espiritual se han echado por tierra, pasan al olvido, a la inutilidad, solo se valora lo concreto y lo racional. El menosprecio de los valores morales y religiosos es evidente. Al prescindir de toda trascendencia se cae en un estado de materialismo puro.

Es importante transmitir una autentica vivencia de fe, que es como la «Piedra angular» de la esperanza, que hasta la persona más decaída y deprimida puede hallar en la lucha diaria por la conquista de su realización personal, equilibrada y progresiva. Pasado un tiempo en prisión ésta fe le hará enfrentarse con su realidad negativa, para conseguir la máxima dignidad que pueda alcanzar toda persona: la dignidad de hijos de Dios. Una dignidad que le ayudará a reconciliarse consigo mismo, con la sociedad y con Dios.

Asistencia sanitaria

"La enfermedad en prisión es como una pena sobreañadida a la pena de privación de libertad. Casi un 80% de esta población presenta un cuadro de salud física y de alteración psíquica sensiblemente marcada. Salud física y estabilidad psíquica

problemática. Un 70% de esta población son toxicómanos, y el 40% tiene anticuerpos del VIH, (virus que produce el sida) aparte de otras enfermedades como hepatitis, tuberculosis y otras.

Las prisiones no reúnen condiciones ni son los lugares más adecuados para atender a estos enfermos de Sida.

La Administración debería ser más humana y pensar en la persona como tal a la hora de adoptar decisiones en este terreno. Existe miedo a la responsabilidad, pero nos olvidamos de la persona enferma y con un plazo corto de vida. Es necesario potenciar el acercamiento del preso-enfermo a la familia. La familia es su principal Centro de Acogida para el enfermo."[26]

La cárcel es el lugar donde sus amistades son someras y usted lo sabe. La prisión puede ser el lugar donde usted olvida el sonido de un bebe llorando, el ladrido de un perro, o aun el sonido del tono de un teléfono. Es un lugar donde usted se afana en permanecer civilizado pero pierde terreno y usted lo sabe. Usted puede vender su alma, si es joven, por un paquete de cigarrillos.

La prisión es un lugar donde, si usted es casado, espera que su casamiento se termine. Es un lugar donde usted aprende que la ausencia no hace al corazón crecer más amoroso, y usted deja de culpar a su esposa por querer un hombre verdadero en vez de una memoria que se desvanece. La prisión es un lugar donde usted se va a la cama antes de que esté cansado, donde tira las mantas sobre su cabeza cuando no hace frío. Es un lugar donde usted escapa jugando cartas, leyendo, solfeando, o volviéndose loco. La prisión es un lugar donde usted puede llegar a ser parte de la pared y tener tan poca humanidad en usted como las piedras y el material de la pared.[27]

Los capellanes de servicio comunitario en cárceles y prisiones, trabajando sobre una base individual, pueden impedir que las prisiones sean depósitos de humanos y asegurar que las cárceles y las prisiones sean un lugar para la regeneración, redirección, y crecimiento. Este ministerio es capaz de proveer un medio invaluable de comunicación con las comunidades a las cuales el prisionero eventualmente regresará.

Identidad Personal

Recuerde que usted es un ministro y como un representante de Dios, debe fomentar una relación entre el hombre y Dios. Esta función primordial frecuentemente incluye el derecho de privilegio y comunicación confidencial. El capellán debe estar consciente de sí mismo y ser capaz del ejercitar estabilidad razonable y emocional. Utilizando el adiestramiento académico y la experiencia, el capellán debe equiparse para funcionar eficientemente como un miembro productivo del personal correccional.

Identidad Profesional

El capellán debe verse a sí mismo como uno que ha sido entrenado en su profesión, hasta el punto de poder manejar las tareas, dificultades y las intensidades involucradas en la capellanía correccional. El capellán debe verse a sí mismo como creciendo y practicando la profesión. Aunque el capellán sea un representante de su grupo religioso particular y debe mantener una relación cercana al grupo que representa, debe estar totalmente consciente que el ministerio, dentro de la prisión y la cárcel, debe ser de una naturaleza imparcial. El capellán debería asociarse con organizaciones de capellanes profesionales tales como la Asociación Americana de Capellanes Correccionales.

Se espera que el capellán provea servicios espirituales a los prisioneros sin considerar sus creencias particulares. Si el gobierno federal o estatal reconoce una organización religiosa, es requerido que el capellán del personal de la prisión provea un lugar de reunión para los prisioneros de cada grupo para adorar si hay cinco o más que sean de esa denominación.

El capellán de servicio comunitario debe mantener su ministerio Cristo-céntrico, sin enfatizar la denominación. El cuidado pastoral incluirá visitas, consejería individual y de grupo y conferencias familiares.

La Función del Capellán

El ministerio de la capellanía es un llamamiento antiguo y noble dentro de la iglesia. El ministerio del capellán es compartir y ofrecer el amor de Dios a todos aquellos que se encuentren en necesidad. Los capellanes son hombres y mujeres que aceptan el compromiso de ser instrumentos de Dios en su proceso de restaurar la salud mental, física, social y espiritual de la humanidad. La capellanía moderna (por así decirlo) tiene su origen en la persona de Martín de Tour, quien nació en 316 d. c. De quien ya hicimos mención. Solo que en realidad lo que nace con esta leyenda es solo el uso de la palabra capellán o capellanía, aplicándose a un ministerio.

El ministerio en si no es nada nuevo, pues sabemos que la sagrada escritura nos narra del ministerio de Isaías, Jeremías, Daniel, Lucas y muchos otros que estuvieron en los palacios y en las cárceles, tal es, el caso de José; para traer ayuda y orientación espiritual, tanto a la corte real como a los prisioneros. La capellanía ha sido un ministerio que Dios ha usado por milenios. El capellán de cárcel y prisión se encontrará sirviendo en un número de papeles por medio de los cuales puede servir efectivamente a los sistemas correccionales. Entre estos papeles están las posiciones de ministerio de pastor, profesor y consejero.

El papel principal del capellán es ser un ministro desempeñando el cuidado pastoral de los ofensores comprometidos. El ministerio es de pastor, predicador, dirigente espiritual y testigo personal. Mientras que le sirve como pastor al preso, el papel principal del capellán hacia el personal puede que no sea el de pastor.

El capellán es un profesor y por lo tanto un ministro de educación religiosa. Como tal, el capellán será un guía y modelo para el crecimiento y comportamiento espiritual y moral.

El capellán es un consejero. Por medio de su adiestramiento, experiencia y deseo, el capellán debe estar listo para escuchar y ayudar a los presos y al personal a tratar con los problemas y las dificultades que ellos enfrentan. El capellán cumplirá sus

funciones con individuos involucrados en crisis personales -sufrimiento, culpabilidad, problemas domésticos, ansiedad, etc.

Los conceptos básicos bajo los cuales el programa correccional de la institución se rige son los de la democracia y la religión. La democracia define nuestro modo de vida. La religión provee los conceptos éticos básicos de todas nuestras relaciones. Según nuestra Constitución y Acta de Derechos la Religión y Democracia son inseparables. Juntos, constituyen la brújula por medio de la cual nuestro programa correccional busca obtener sus objetivos definitivos. Es la responsabilidad de todo el personal pagado y voluntario ver que el programa de la institución se lleva a cabo según estos conceptos.

Acta de Derechos Correccionales

Para ser considerada por todas las personas que están bajo la custodia y el control, ya sea que estén en probatoria, en la

Prisión o en libertad condicional[28]:

1 - EL DERECHO DE ALREDEDORES DECENTES CON ATENCION COMPETENTE AL BIENESTAR FISICO Y SISTEMA MENTAL DEL INDIVIDUO.
2 - EL DERECHO DE MANTENER Y REFORZAR OS LIGAMENTOS DE FORTALECIMIENTO QUE COMPROMETEN A LA PERSONA CON SU FAMILIA Y COMUNIDAD.
3 - EL DERECHO DE DESARROLLAR Y MANTENER HABILIDADES COMO UN TRABAJADOR PRODUCTIVO EN NUESTRO SISTEMA ECONOMICO.
4 - EL DERECHO DEL TRATAMIENTO JUSTO, IMPARCIAL, E INTELIGENTE.
5 - EL PRIVILEGIO ESPECIAL O LICENCIA PARA CUALQUIER PERSONA.
6 - EL DERECHO DE LA GUIA POSITIVA Y CONSEJO DE PARTES DEL PERSONAL CORRECCIONAL QUE POSEE LA NECESARIA COMPRENSION Y HABILIDAD.[29]

Por años el porcentaje de capellanes en el sistema penal de US ha sido de 500 a uno. Pero en los últimos años Dios ha levantado un mover que ha creado interés por el ministerio a los presos, especialmente este mover se hace sentir entre los ministros e iglesias de habla castellano. Esto se justifica por el perfil del prisionero más aun la tarea de proveer crecimiento espiritual es enorme, y es evidente que los capellanes que ahora tenemos no dan abasto, la presión es inherente a la descripción de trabajo y la sobrecarga del capellán de prisión. Como un voluntario, la función de capellán es la de aliviar esa sobrecarga.

CAPITULO 5

¿Y COMO SE HACE?

Modelo de Ministerio

Dentro del sistema de prisión el capellán es el representante de Dios al mundo de hombres y mujeres que, en su mayoría, nunca han conocido a Dios, ni siquiera sabían que hay un Dios. Por lo tanto el capellán es la única percepción que el preso tiene de Dios. Si las acciones del capellán no son correctas o son dudosas, entonces para ellos, Dios bien puede ser de la misma manera. Si el preso entiende que no puede confiar en el capellán, será difícil para él confiar en Dios. Esto se entiende considerando las condiciones y la situación en que vive el preso. El capellán puede representar el único "verdadero" amigo que estos hombres y mujeres tienen.

La razón más importante para ministrar en las cárceles y las prisiones es porque Jesús nos dio el mandamiento de *ir* allí. Mateo 25:31-46 contiene una de las parábolas más poderosas que Jesús nos dio. Hablando de su regreso y del juicio final de las naciones, Jesús enseñó que la separación de las ovejas, las bendecidas del Padre para heredar el Reino, de las cabras, aquellos destinados al castigo eterno, será en base al trato dado "al menor de estos hermanos": el hambriento, el sediento, el enajenado, el desnudo, el enfermo y el encarcelado. Jesús fue muy claro, cualquier cosa que se hizo o no se hizo al menor de sus hermanos, se hizo o no se hizo a Él.

Hebreos 13:3 dice, ***"Acordaos de los presos, como si estuvierais presos juntamente con ellos; y de los maltratados, como que también vosotros mismos estéis en el cuerpo".*** Esta escritura requiere un ministerio de reconciliación donde el Espíritu de Dios da al capellán una aceptación total del preso y comienza a edificar una relación de "confianza" como un representante de Dios y de la sociedad.

"Es prácticamente imposible ayudar a alguien antes que usted lo haya aceptado. Si no podemos ser un grupo que ama, y que disfruta del viaje a la vez que demostramos amor los unos a los otros, entonces la obra se torna muy difícil y lo que se alcance será sólo superficial. Sin amor, el ministerio se vuelve mecánico y endurece nuestro corazón en el proceso.

Toque a los que ama, el poder del toque físico proviene de las Escrituras. Jesús fue un maestro en el arte del toque físico apropiado, lleno de amor. El deseaba trasmitir amor a los niños, así que en vez de saludarlos de lejos, se detenía, los cargaba en sus brazos, los tocaba.

Aun cuando el Señor tenía el poder para realizar milagros a distancia, no lo hacía así. Se acercaba y tocaba a la gente. Tocó los ojos del ciego. Tocó a un leproso al que nadie osaba tocar.

Jesús demostró que podemos trasmitir una enorme cantidad de amor por medio del toque físico apropiado. Una mano sobre el hombro, un apretón de manos, o un abrazo amigable en ocasiones ejerce un fuerte impacto sobre otras personas.

Un toque breve, apropiado, puede comunicar mucho amor. Por supuesto, es necesario conocer los límites entre un toque de aliento o ánimo y otro sensual. Esto es relativamente fácil. La Biblia dice en Efesios 4:32: "Antes sed bondadosos unos con otros, misericordiosos"; y en 1 Juan 3:18: "No amemos de palabra ni de lengua, sino de hecho y en verdad".

Piense en esto. Usted conoce pequeños actos de bondad que pueden alegrar el corazón de aquellos que le rodean. Sabe cuáles son sus pasatiempos. Sabe lo que les gusta hacer a los miembros del personal. Sabe lo que sería especial para sus hijos. Sólo le tomará unos minutos demostrar su amor y actuar, de modo que pueda decir: "Durante el día pensé en usted, así que hice esto".

Esta frase significa identificarse con las alegrías y las tristezas de los que le rodean. Las Sagradas Escrituras dicen: "Gozaos con los que se gozan; llorad con los que lloran" (Ro. 12:15).

Por supuesto, todos tenemos montañas que escalar y un mundo que ganar. Pero ha llegado el momento de romper la barrera del silencio. Ha llegado el momento de decir que ya no estamos dispuestos a sacrificar el compañerismo y la comunión."[30]

En la prisión el capellán lidia con gente cuyas morales, vestido, y lenguaje puede ser totalmente diferente del suyo. Aun así recuerde que no es necesario aprobar comportamientos para aceptar a la persona por sus méritos. Limítese a la tarea de guiarlos al conocimiento de Dios. Los presos están allá porque eran los sirvientes de Satanás y ahora ellos se encuentran hundidos en un lugar perverso.

Siendo fiel a la Escritura permitirá que el Espíritu Santo ministre y provea una oportunidad de responder a la luz del Evangelio en un lugar de tinieblas. Siendo Jesús nuestro ejemplo de Dios y nuestro camino a Dios, nosotros debemos usar su ejemplo de ministerio como nuestro modelo propio al ministrar dentro del sistema correccional.

La prisión en ocasiones puede ser el único lugar donde algunos pueden encontrar al Cristo Salvador. La prisión puede ser un lugar infernal pero para muchas personas, tanto hombres como mujeres, ha sido el único lugar de consagración y también un lugar donde muchas personas han encontrado el camino de la fe y se reconocieron pecadores.

La prisión para muchos puede ser como la cruz para Jesucristo; que con el sufrimiento logró alcanzar la mayor victoria que jamás persona alguna haya alcanzado contra el enemigo. La presencia de un capellán en un lugar donde la gente está sufriendo, representa una buena oportunidad para dar testimonio de Jesús; dicho testimonio no tiene que ser con palabra, sino que basta con los hechos.

Nunca se condena a la persona, declarándole que sus penas son el resultado de sus hechos, se le declara el interés de Dios por bendecirlos. La bendición de Dios no debe ser condicionada a la fe del capellán. El capellán le recuerda al mundo que hay una ley natural y que cuando no se respeta la ley natural, el resultado se vuelve contra el mismo irrespetuoso y la vida se frustra. Con esta proclamación se pretende iluminar al que sufre, para evitarle más dolor, No se obliga a nadie; se le dice que un reproductor de DVD no es una tostadora, que no debe colocar las rebanadas de pan en el reproductor de DVD, ni el disco en la tostadora, pero luego de una adecuada orientación la decisión la toma él o ella.

La ley positiva que regula las relaciones sociales, es iluminada por la ley natural a fin de operar en beneficio del que sufre.

Al servir como capellán debe recordar que la falta de convicción cristiana está asociada a un mayor riesgo de: drogas, depresión, alcohol, pandillas, violencia en todas sus manifestaciones, sexo ilícito y un comportamiento antisocial. "El capellán no responde a la ligera, escucha, piensa y se asegura que sus palabras tienen el peso de su investidura. El capellán puede exhibir su inteligencia, rectitud y voluntad de ayudar y un corazón tierno.

En ocasiones se encontrará con personas que fueron sorprendidas por la soberbia, que no le dio tiempo para reflexionar, y luego son víctimas de un sistema que solo ve el mal que han hecho. Pero el capellán puede alcanzar a esa persona y con palabras de amor conducirlo a Cristo y evitar que esa persona sea dañada por el veneno social del que puede estar rodeando cuando cae en la prisión.

Aquí nos encontramos con la real necesidad de un hombre o una mujer que presente el amor de Dios para redimir al pecador. Al ministrar a las personas en prisión se requiere de cierta constancia, el Apóstol Ricardo Reyes en su libro; ES NECESARIO CONGREGARSE. Nos orienta a que como ministros debemos conocer que no todos los que asisten a nuestras reuniones en el templo tienen el mismo interés, él señala: *"En la iglesia existen 3 ó 4 tipos de creyentes. Está el creyente que viene, se sienta en la iglesia, quiere ser salvo y no quiere perderse, pero cuando viene el mensaje o la enseñanza, sólo aprende una parte, y regresa a la calle con esa parte que aprendió.*

Está el creyente que va a la iglesia solamente a alabar, a adorar y cuando la alabanza se acaba, su oído se cierra a la Palabra. También está el creyente que no le gusta la adoración y la alabanza, que solo le gusta oír el mensaje. Se goza con el mensaje, pero al llegar a la casa, los quehaceres diarios y el enemigo le roban la semilla. Y existe el creyente que lo absorbe todo, que le gusta alabar, porque sabe que en la alabanza el Señor habita en su vida, porque conoce y entiende que el Señor busca perfectos adoradores.

A este creyente le gusta adorar, se deleita y se convierte en terreno fértil con la Palabra. Toma nota, estudia y en 3 ó 4 meses, la Palabra que ha recibido ha germinado en su corazón y ha crecido como creyente y como siervo, y va directamente a ejecutar un ministerio. Ahora pregúntese, ¿cuál de esos creyentes soy? ¿Qué tipo de creyente soy yo? El llamado y su propósito. Fíjese que Jesús llamó a hombres que estaban ocupados. Jesús no llamó a nadie que estuviera sin ocupación, a nadie que estuviera en vagancia, en ociosidad, ni durmiendo.

Jesús llamó a hombres y mujeres que estaban ocupados. La samaritana estaba ocupada. Dios busca hombres y mujeres ocupados, así que a Dios no le puedes hacer el cuento de que estás muy ocupado. Mientras más ocupado tú estás, más te busca el Señor, porque Dios sabe que los ocupados son aquellos que quieren trabajar. Leamos Juan 1:43: "El siguiente día quiso Jesús ir a Galilea, y halló a Felipe, y le dijo: Sígueme".

Leamos ahora Marcos 2:13-14: "Después volvió a salir al mar; y toda la gente venía a él, y les enseñaba. Y al pasar, vio a Leví hijo de Alfeo, sentado al banco de los tributos públicos, y le dijo: Sígueme. Y levantándose, le siguió".

En Mateo 4:18-22, dice la Palabra: "Andando Jesús junto al mar de Galilea, vio a dos hermanos, Simón, llamado Pedro, y Andrés su hermano, que echaban la red en el mar; porque eran pescadores. Y les dijo: venid en pos de mi, y os haré pescadores de hombres. Ellos entonces, dejando al instante las redes, le siguieron. Pasando de allí, vio a otros dos hermanos, Jacobo hijo de Zebedeo, y Juan su hermano, en la barca con Zebedeo su padre, que remendaban sus redes; y los llamó. Y ellos, dejando al instante la barca y a su padre, le siguieron".

Todos estos hombres fueron llamados. Cuando usted es llamado, es encerrado en un círculo. Cuando Jesús lo llama, lo pone en el círculo del llamado, y se encarga de asegurarse de que tú escuches su llamado a los cuales invita a abandonar su ocupación, para dedicarse a las cosas de su reino. Ni siquiera los llama para trabajar en la obra, sino para llevarlos a un circulo, "el circulo del llamado".[31]

Interés por la Persona

El Capellán que trabaja en las instituciones correccionales se esfuerza por imitar el ministerio de Jesús centrado en la persona. El capellán debería darle especial consideración a la lista que sigue mientras considera el modelo de ministerio del Señor.

1. El anduvo haciendo lo bueno. (Hechos 10:38)

2. El trajo el mensaje de Salvación. El Comentario Crítico Internacional dice: ***"La idea fundamental contenida en la salvación es remover los peligros que amenazan la vida y una consiguiente dadiva de vida en condiciones favorables para liberación y expansión saludable."*** De aquí en adelante, cuando una persona es salva, el Señor le da "espacio" para crecer.

3. El Señor se abrió a sí mismo para poder ministrar. Qué tremendo desafío para el Capellán. Así como el Señor comió con publicanos y pecadores, así debe hacerlo el capellán correccional. Así como el Señor escuchó las plegarias de la gente para sanar a los enfermos, así debe hacer el capellán. Así como el Señor fue más allá de lo normal para hablar con la gente (Juan 4:4), así debe el capellán de prisión estar deseoso y listo para atender las necesidades de los presos.

Características del ministerio.

En seguida está una lista de características que deben encontrarse en el capellán de servicio comunitario mientras trabaja en el ministerio de prisión y cárcel. El capellán notará que todas estas características se encuentran en el ministerio de Jesús cuando ministraba entre la gente.

1. Sin discriminación
2. Compasión ilimitada

3. Interés no condenatorio
4. Ternura comprensiva (note a la mujer adultera)
5. Paciencia inagotable
6. Deliberado sin coerción (Jesús no se impuso sobre la gente)
7. Optimismo terapéutico (Jesús dio esperanza donde no había).

Refuerzos del Ministerio de Prisión.

En la prisión nunca son honestos respecto a su situación espiritual; es necesario que el capellán entienda que muchos presos lucharán por obtener privilegios que les son negados y que tratan de usar al capellán de servicio comunitario o al trabajador voluntario para lograr sus metas. Un gran número de trabajadores voluntarios y capellanes de servicio comunitario no pueden ser capellanes de prisión porque tienen motivos equivocados.

Se cuenta que cuando el evangelio comenzó a crecer en la República Dominicana, la Iglesia Católica, hizo una férrea oposición, pero no pudiendo detener el avance de los evangelistas, entonces los líderes católicos le pidieron al gobierno que prohibiera la proclamación de lo que ellos llamaron esa herejía, porque sino todo el país se llenaría de delincuentes. El entonces mandatario, que era un tirano y que anduvo y actuó siempre de la mano con la Iglesia Católica, quiso comprobar lo dicho por los católicos; para esto llamó a los máximos líderes católicos y los invitó a visitar la cárcel junto a él, al llegar a la prisión, el dictador Trujillo, ordenó que se pusiera a todos los presos en fila frente a él y a la gran comisión de católicos, luego procedió a preguntarle en alta voz, uno por uno a los presos: ¿usted de que religión es? y la respuesta, desde el primero hasta el último, fue categóricamente; Católico. No encontrando ni uno solo que dijera soy evangélico, por lo que el sagaz tirano les dijo a la comitiva que lo acompañaba; los que ustedes llaman herejes, son mejores ciudadanos que los que los persiguen; ninguno está preso por faltar a la ley y al orden, creo que hay más peligro para la nación, entre los Católicos que entre los que ustedes llaman herejes. Se dice que desde ese momento la presión contra los evangélicos perdió fuerza.

La motivación del trabajador de prisión tiene que ser uno de cuidado genuino del preso, funcionario o administrador. Si el capellán de servicio comunitario sirve para su propio ego o siente que siempre "necesita saber" qué crimen algún preso ha cometido (para poder contar historias de "guerra" a sus colegas fuera de la prisión), entonces este capellán realmente no tiene corazón para este ministerio y debe servir desde afuera del sistema.

La importancia de los trabajadores voluntarios y los capellanes es de gran valor para la administración de prisiones y para el gobierno, son miles de hombres y mujeres que día por día ofrecen millones de horas en servicios, aliviando la pesada carga que se vive tanto en las cárceles como en los hospitales y otros centros de auxilio. Estos servidores no pueden ser menospreciados. Cada año, los sistemas de prisión a lo largo de los Estados Unidos de Norteamérica, ahorran decenas de millones de dólares por medio del uso de su servicio.

Millares de voluntarios van a las cárceles y prisiones a proclamar el amor y la gracia de Dios. Es cierto que muchos de los que comienzan este ministerio pronto lo abandonan, mientras que otros que continúan son inefectivos. Algunos trabajan fervientemente por un tiempo, después parecen perder algo dentro de sí mismos. ¿Por qué permanecen algunos en este ministerio por un corto periodo de tiempo? ¿Por qué se embarcan otros ansiosamente en este ministerio de servicio y llamamiento y luego de un periodo de tiempo pierden su ímpetu y pronto se opaca la pasión por el ministerio en la prisión? El capellán tiene que analizar cuidadosamente algunas de las razones para el fracaso o abandono de este ministerio, veamos alunas razones:

1 Algunos entran en el ministerio de prisión sin la orientación apropiada. Ellos no están conscientes del costo asociado con este dinámico ministerio. Muchos sienten que la prisión es meramente una extensión de su pulpito o su propia iglesia. Ellos no están conscientes de las reglas y las regulaciones que acompañan tal ministerio.

2 El capellán puede pensar que tiene el adiestramiento teológico y de consejería necesario. Pero aun él mismo se siente incapaz o indispuesto para trabajar dentro de la estructura del sistema correccional.

3 El capellán de servicio comunitario puede encarar una situación que hasta ahora es desconocida para él. Esto es que a los que el capellán está ministrando pueden ser deshonestos en su relación con los capellanes. Esto no quiere decir que todos los que están en la prisión nunca son honestos respecto a su situación espiritual; aun así es necesario que el capellán entienda que muchos presos lucharán por obtener privilegios que les son negados y que tratarán de usar al capellán para lograr sus metas.

4 Un gran número de trabajadores voluntarios y capellanes no pueden ser capellanes de prisión, porque tienen motivos equivocados. La motivación del trabajador de prisión tiene que ser uno de cuidado genuino del preso, funcionario o administrador. Si el capellán sirve para su propio ego, repito; no tiene corazón para éste ministerio.

Perfiles

Veamos los diferentes perfiles encontrados en las Sesiones Especializadas del Manual de Capellanía de Prisión y Cárcel de la Iglesia de Dios:

Excursionista.

"Estos individuos son los que, al ofrecer su servicio voluntario al ministerio en una cárcel o prisión, lo hacen para su propio beneficio. Tratando de ayudar a otros, ellos realmente reprimen su deseo de decir que

ellos son "más grandes" o "mejores" que aquellos a quienes ellos ministran. Ellos juegan con la frase "Yo únicamente estoy tratando de ayudarle a usted." Este juego va algo así como el ejemplo siguiente.

El preso se acerca al capellán en busca de una solución a su problema personal. El voluntario le dice cómo resolver el problema y ora por él. Luego, el preso vuelve a consultar al voluntario y le cuenta que la solución no funcionó y culpa al capellán. El capellán exclama, "Bueno, yo únicamente estoy tratando de ayudarle." El preso está satisfecho porque ha avergonzado al capellán, y el capellán apacigua su culpabilidad del fracaso diciendo que nadie hace lo que se le manda hacer. La razón detrás de esa respuesta es hacer creer al preso que es un malagradecido y que ha desilusionado al capellán.

Otros capellanes con el mismo ego se acercan a los presos con la actitud de, "Yo le mostraré a usted la única manera de vivir," o, "Yo le mostraré a usted lo que está haciendo mal." Al hacer eso, el capellán corre el riesgo de mostrar una actitud de superioridad sobre la otra persona.

Otra manera en que el ego excursionista puede darse a conocer es viendo su actitud hacia los capellanes a tiempo completo. El ego excursionista es un consejero del capellán auto-ordenado. Por cuanto tiene tanto conocimiento de lo que se necesita hacer y cómo hacerlo, y por cuanto tiene el favor de Dios, el ego excursionista piensa que él le puede decir al capellán cómo "realmente" deberán hacerse las cosas. El observa para ver qué hace mal el capellán y aflige al capellán si llega a cometer un error.

El ego excursionista puede entonces decirles a los presos y a otros voluntarios, que el capellán no es un ministro digno. Esta situación traerá continuamente una serie de frustraciones para los capellanes institucionales y para los capellanes de servicio voluntario. Los perdedores realmente serán los presos y los demás a quienes se les ministra.

El Salvador.

Frecuentemente un capellán de servicio comunitario intentará ser el "Gran Salvador." El escuchará a algún preso quejarse de los abusos o injusticias, y entonces intentará ir hasta el alcaide o al capellán institucional y "cambiará" las cosas. Estos intentos de "ministerio" pronto enfrentarán frustración y fracaso. Algunos capellanes escucharán a un preso contar cómo su esposa lo maltrata, lo engaña con otro o muestra alguna otra actitud de infidelidad. Con justa indignación el capellán de servicio comunitario irá a la esposa a "cambiar" su actitud hacia su esposo. Esto es frecuentemente recibido con una reprimenda o una llamada alarmante al alcaide y al capellán institucional.

Se ha descubierto que "el Gran Salvador", en algunas ocasiones, le presta dinero o le trae algo al preso. Esto, por supuesto, es una violación de política y posiblemente de la ley. El pago para "el salvador", es haber sentido la satisfacción de poder ayudar a alguien. En realidad, sin embargo, el capellán se ha prestado para muchos juegos y no ha realizado nada sino que ha llegado a ser un payaso a los ojos del preso.

Algunos voluntarios desean ir a una cárcel o prisión por curiosidad. Ellos están interesados o curiosos respecto a lo que "sucede" dentro de tal lugar. Ellos leen y han oído detalles sensacionales acerca de la vida en la prisión y quieren ver esas cosas por sí mismos. Desafortunadamente, hay siempre la tendencia de querer saber la razón por la cual una persona está en la prisión; y él muchas veces no está tan interesado en compartir el amor y la gracia de Dios sino en satisfacer su propia curiosidad.

Gratificaciones

El temor de que hay algunos voluntarios que ejercen el ministerio de cárcel o prisión con la esperanza de ganar premios tiene fundamento. Hay ciertos beneficios que vienen con este tipo de ministerio. Un capellán puede considerar esto como una manera de recibir un reconocimiento especial por parte de su congregación. El podría tener también un sentido de satisfacción por ser capaz de controlar una cierta situación como entrar y salir por las puertas de la prisión cuantas veces desee, por ejemplo. Esto, entre otras cosas, pueden ser motivos para este tipo de personas.

"Diferente"

Algunas personas tienen un deseo interior de ser diferentes de los demás. Si otros visten corbatas en la iglesia, él viste camisa abierta. Si otros enseñan o predican en una iglesia, él enseña en un hogar de ancianos o en la cárcel. El simplemente quiere ser diferente. Este perfil también incluye el individuo que tiene dificultad para someterse a las doctrinas y la disciplina de una iglesia local y quien, por lo tanto, encuentra un grupo que es mucho más como el que él desea reconocer.

Auto-Gratificador

"Esta realidad es un fenómeno del ministerio no muy fácil de explicar. El voluntario o capellán de servicio comunitario está agobiado con alguna culpabilidad o fracaso que no ha resuelto. Inconscientemente, se ministra a sí mismo al ministrarles a otros que tienen problemas parecidos al suyo. Dentro de sí mismo siente una culpabilidad y proyecta esa culpabilidad en la otra persona. Entonces él puede decir que la otra persona es la que realmente necesita la gracia de Dios. El siente que es un pecador pero nuevamente él ve a otros como los que necesitan el ministerio de la gracia de Dios. Así, el suyo es un ministerio substitucionario. El se ministra a sí mismo al ministrarles a otros. Realmente, poco ministerio se está llevando a cabo, ya sea al prisionero como al capellán mismo."[32]

Llamado

Este perfil se enfoca en esas personas que sienten, en lo profundo de su ser, un llamado definitivo que Dios los quiere en un ministerio en las prisiones y las cárceles. Este es un llamado no solamente para servir al Señor en una capacidad particular, sino un llamado para expresar el cuidado de los demás en un contexto particular. Este es el perfil de un capellán que busca suplir las necesidades de los encarcelados. Así como el Isaías del Antiguo Testamento, estos capellanes reciben una visión de Dios. Esta visión es primeramente de Dios, y luego de ellos mismos. Por eso ellos son capaces de entrar en las paredes de una cárcel, la prisión, u otro lugar de encarcelación y auténticamente cumplir las demandas de la Gran Comisión

Auto-cuidado

Los capellanes y los otros voluntarios deben cuidar de sí mismos a fin de ser efectivos en este ministerio. Jesús dijo en Mateo 22:39, ***"Amarás a tu prójimo como a ti mismo."*** El bienestar del capellán, como el de cualquier otro ministro, es vulnerable a ataques en cinco áreas básicas:

ESPIRITUAL, MENTAL, SOCIAL (incluye la familia), FÍSICA, Y PROFESIONAL.

Peligros espirituales

Estos peligros son comunes a la mayoría de los trabajadores Cristianos.

Fallar en sacar tiempo adecuado para la oración.

Sin la oración los hombres desmayan (Lucas 18:1).

Sin la oración, carecemos de la sabiduría de Dios (Santiago 1:5).

Sin oración adecuada, nos preocupamos innecesariamente (Filipenses 4:6,7; 1 Pedro 5:7).

Sin la oración el ministerio del capellán carece de poder.

Negligencia del estudio de la Biblia.

Usted debe tener amor por la Biblia para tener una "palabra" de Dios para aquellos a los que usted ministra y para alimentar su propia alma. La Palabra de Dios equipa al representante de Dios para el servicio personal a Dios (2 Timoteo 3:16,17).

Caminar por fe y no por vista

2 Corintios 5:7. Dice: Ahora no podemos verlo, sino que vivimos sostenidos por la fe. 2 Corintios 2:14-6:10 es un gran recordatorio de la fidelidad de Dios en llamar, dirigir, y dar poder a sus siervos para que ellos puedan diariamente "***caminar por fe, no por vista***". Quiero incluir este pasaje bíblico y le animo a que lo lea, no lo salte. Veamos:

> [14]*Gracias a Dios que siempre nos lleva en el desfile victorioso de Cristo y que por medio de*

nosotros da a conocer su mensaje, el cual se esparce por todas partes como un aroma agradable. [15]Porque nosotros somos como el olor del incienso que Cristo ofrece a Dios, y que se esparce tanto entre los que se salvan como entre los que se pierden. [16]Para los que se pierden, este incienso resulta un aroma mortal, pero para los que se salvan, es una fragancia que les da vida. ¿Y quién está capacitado para esto? [17]Nosotros no andamos negociando con el mensaje de Dios, como hacen muchos; al contrario, hablamos con sinceridad delante de Dios, como enviados suyos que somos y por nuestra unión con Cristo.

***3** [1]Cuando decimos esto, ¿les parece que estamos comenzando otra vez a alabarnos a nosotros mismos? ¿O acaso tendremos que presentarles o pedirles a ustedes cartas de recomendación, como hacen algunos? [2]Ustedes mismos son la única carta de recomendación que necesitamos: una carta escrita en nuestro corazón, la cual todos conocen y pueden leer. [3]Y se ve claramente que ustedes son una carta escrita por Cristo mismo y entregada por nosotros; una carta que no ha sido escrita con tinta, sino con el Espíritu del Dios viviente; una carta que no ha sido grabada en tablas de piedra, sino en corazones humanos.*

[4]Confiados en Dios por medio de Cristo, estamos seguros de esto. [5]No es que nosotros mismos estemos capacitados para considerar algo como

nuestro; al contrario, todo lo que podemos hacer viene de Dios,[6]pues él nos ha capacitado para ser servidores de una nueva alianza, basada no en una ley, sino en la acción del Espíritu. La ley condena a muerte, pero el Espíritu de Dios da vida.

[7]Si la promulgación de una ley que llevaba a la muerte y que estaba grabada sobre tablas de piedra se hizo con tanta gloria que los israelitas ni siquiera podían mirar la cara de Moisés, debido a que ese resplandor destinado a desaparecer era tan grande,[8]¡cuánta más será la gloria del anuncio de una nueva alianza fundada en el Espíritu! [9]Es decir, que si fue tan gloriosa la promulgación de una ley que sirvió para condenarnos, ¡cuánto más glorioso será el anuncio de que Dios nos hace justos! [10]Porque la gloria anterior ya no es nada en comparación con esto, que es mucho más glorioso. [11]Y si fue glorioso lo que había de terminar por desaparecer, mucho más glorioso será lo que permanece para siempre.

[12]Precisamente porque tenemos esta esperanza, hablamos con toda libertad. [13]No hacemos como Moisés, que se tapaba la cara con un velo para que los israelitas no vieran el fin de aquello que estaba destinado a desaparecer. [14]Pero ellos se negaron a entender esto, y todavía ahora, cuando leen la antigua alianza, ese mismo velo les impide entender, pues no les ha sido quitado, porque solamente se quita por medio de Cristo.

[15]Hasta el día de hoy, cuando leen los libros de Moisés, un velo cubre su entendimiento. [16]Pero cuando una persona se vuelve al Señor, el velo se le quita. [17]Porque el Señor es el Espíritu; y donde está el Espíritu del Señor, allí hay libertad. [18]Por eso, todos nosotros, ya sin el velo que nos cubría la cara, somos como un espejo que refleja la gloria del Señor, y vamos transformándonos en su imagen misma, porque cada vez tenemos más de su gloria, y esto por la acción del Señor, que es el Espíritu.

1 Anunciadores de Jesucristo *[1]Por eso no nos desanimamos, porque Dios, en su misericordia, nos ha encargado este trabajo. [2]Hemos rechazado proceder a escondidas, como si sintiéramos vergüenza; y no actuamos con astucia ni falseamos el mensaje de Dios. Al contrario, decimos solamente la verdad, y de esta manera nos recomendamos a la conciencia de todos delante de Dios. [3]Y si el evangelio que anunciamos está como cubierto por un velo, lo está solamente para los que se pierden. [4]Pues como ellos no creen, el dios de este mundo los ha hecho ciegos de entendimiento, para que no vean la brillante luz del evangelio del Cristo glorioso, imagen viva de Dios. [5]No nos predicamos a nosotros mismos, sino a Jesucristo como Señor; nosotros nos declaramos simplemente servidores de ustedes por amor a Jesús. [6]Porque el mismo Dios que mandó que la luz brotara de la oscuridad, es el que ha hecho brotar su luz en nuestro corazón, para que podamos iluminar a otros,* *dándoles a conocer la gloria de Dios que brilla en la cara de Jesucristo.*

Confianza en medio de los sufrimientos *[7]Pero esta riqueza la tenemos en nuestro cuerpo, que es como una olla de barro, para mostrar que ese poder tan grande viene de Dios y no de nosotros. [8]Así, aunque llenos de problemas, no estamos sin salida; tenemos preocupaciones, pero no nos desesperamos. [9]Nos persiguen, pero no estamos abandonados; nos derriban, pero no nos destruyen. [10]Dondequiera que vamos, llevamos siempre en nuestro cuerpo la muerte de Jesús, para que también su vida se muestre en nosotros. [11]Pues nosotros, mientras vivimos, nos vemos expuestos a la muerte por causa de Jesús, para que también su vida se muestre en nuestro cuerpo mortal. [12]De ese modo, la muerte actúa en nosotros, y en ustedes actúa la vida.*

[13]La Escritura dice: "Tuve fe, y por eso hablé." De igual manera, nosotros, con esa misma actitud de fe, creemos y también hablamos. [14]Porque sabemos que Dios, que resucitó de la muerte al Señor Jesús, también nos resucitará a nosotros con él, y junto con ustedes nos llevará a su presencia. [15]Todo esto ha sucedido para bien de ustedes, para que, recibiendo muchos la gracia de Dios, muchos sean también los que le den gracias, para la gloria de Dios.

[16]Por eso no nos desanimamos. Pues aunque por fuera nos vamos deteriorando, por dentro nos renovamos día a día. [17]Lo que sufrimos en esta vida es cosa ligera, que pronto pasa; pero nos trae como

resultado una gloria eterna mucho más grande y abundante. [18]Porque no nos fijamos en lo que se ve, sino en lo que no se ve, ya que las cosas que se ven son pasajeras, pero las que no se ven son eternas.

5 [1]Nosotros somos como una casa terrenal, como una tienda de campaña no permanente; pero sabemos que si esta tienda se destruye, Dios nos tiene preparada en el cielo una casa eterna, que no ha sido hecha por manos humanas. [2]Por eso suspiramos mientras vivimos en esta casa actual, pues quisiéramos mudarnos ya a nuestra casa celestial; [3]así, aunque seamos despojados de este vestido, no quedaremos desnudos. [4]Mientras vivimos en esta tienda suspiramos afligidos, pues no quisiéramos ser despojados, sino más bien ser revestidos de tal modo que lo mortal quede absorbido por la nueva vida. [5]Y Dios es quien nos ha impulsado a esto, pues nos ha dado el Espíritu Santo como garantía de lo que hemos de recibir.

[6]Por eso tenemos siempre confianza. Sabemos que mientras vivamos en este cuerpo estaremos como en el destierro, lejos del Señor. [7]Ahora no podemos verlo, sino que vivimos sostenidos por la fe; [8]pero tenemos confianza, y quisiéramos más bien desterrarnos de este cuerpo para ir a vivir con el Señor. [9]Por eso procuramos agradar siempre al Señor, ya sea que sigamos viviendo aquí o que tengamos que irnos. [10]Porque todos tenemos que presentarnos ante el tribunal de Cristo, para que cada uno reciba lo que

le corresponda, según lo bueno o lo malo que haya hecho mientras estaba en el cuerpo.

El mensaje de la paz con Dios *[11]Por eso, sabiendo que al Señor hay que tenerle reverencia, procuramos convencer a los hombres. Dios nos conoce muy bien, y espero que también ustedes nos conozcan. [12]No es que nos hayamos puesto otra vez a alabarnos a nosotros mismos, sino que les estamos dando a ustedes una oportunidad de sentirse orgullosos de nosotros, para que puedan contestar a quienes presumen de las apariencias y no de lo que hay en el corazón. [13]Pues si estamos locos, es para Dios; y si no lo estamos, es para ustedes. [14]El amor de Cristo se ha apoderado de nosotros desde que comprendimos que uno murió por todos y que, por consiguiente, todos han muerto. [15]Y Cristo murió por todos, para que los que viven ya no vivan para sí mismos, sino para él, que murió y resucitó por ellos.*

[16]Por eso, nosotros ya no pensamos de nadie según los criterios de este mundo; y aunque antes pensábamos de Cristo según tales criterios, ahora ya no pensamos así de él. [17]Por lo tanto, el que está unido a Cristo es una nueva persona. Las cosas viejas pasaron; se convirtieron en algo nuevo. [18]Todo esto es la obra de Dios, quien por medio de Cristo nos reconcilió consigo mismo y nos dio el encargo de anunciar la reconciliación. [19]Es decir que, en Cristo, Dios estaba reconciliando consigo mismo al mundo, sin tomar en cuenta los pecados de los hombres; y a nosotros nos encargó que diéramos a conocer este

mensaje. [20]Así que somos embajadores de Cristo, lo cual es como si Dios mismo les rogara a ustedes por medio de nosotros. Así pues, en el nombre de Cristo les rogamos que acepten el reconciliarse con Dios. [21]Cristo no cometió pecado alguno; pero por causa nuestra, Dios lo hizo pecado, para hacernos a nosotros justicia de Dios en Cristo.

6 *[1]Ahora pues, como colaboradores en la obra de Dios, les rogamos a ustedes que no desaprovechen la bondad que Dios les ha mostrado.[2]Porque él dice en las Escrituras:*

"En el momento oportuno te escuché; en el día de la salvación te ayudé."

Y ahora es el momento oportuno. ¡Ahora es el día de la salvación!

Pruebas de la misión apostólica de Pablo *[3]En nada damos mal ejemplo a nadie, para que nuestro trabajo no caiga en descrédito.[4]Al contrario, en todo damos muestras de que somos siervos de Dios, soportando con mucha paciencia los sufrimientos, las necesidades, las dificultades,[5]los azotes, las prisiones, los alborotos, el trabajo duro, los desvelos y el hambre. [6]También lo demostramos por nuestra pureza de vida, por nuestro conocimiento de la verdad, por nuestra tolerancia y bondad, por la presencia del Espíritu Santo en nosotros, por nuestro amor sincero,[7]por nuestro mensaje de verdad y por el poder de Dios en nosotros. Usamos las armas de la rec-*

titud, tanto para el ataque como para la defensa. [8]Unas veces se nos honra, y otras veces se nos ofende; unas veces se habla bien de nosotros, y otras veces se habla mal. Nos tratan como a mentirosos, a pesar de que decimos la verdad. [9]Nos tratan como a desconocidos, a pesar de que somos bien conocidos. Estamos medio muertos, pero seguimos viviendo; nos castigan, pero no nos matan. [10]Parecemos tristes, pero siempre estamos contentos; parecemos pobres, pero enriquecemos a muchos; parece que no tenemos nada, pero lo tenemos todo. [33]

"La prueba concluyente del amor divino se encuentra en el hecho de que Dios se reveló al hombre, y esta revelación quedó registrada en la Biblia. Nacida en el Oriente, y revestida del lenguaje, el simbolismo y las formas de pensar típicamente orientales, la Biblia tiene no obstante un mensaje para toda la humanidad, cualquiera sea la raza, cultura o capacidad de la persona. Forma contraste con los libros de otras religiones por cuanto no narra una manifestación divina a un solo hombre, sino una revelación progresiva arraigada en la larga historia de un pueblo. Dios se reveló en determinados momentos de la historia humana. Dice C.O. Gillis: "No se puede entender la verdadera religión... sin entender el fondo histórico en el cual nos han llegado estas verdades espirituales." [34]

1 Juan 1:9 trata con el pecado que debe confesarse si entra en la vida de uno. Dice: *"pero si confesamos nuestros pecados, podemos confiar en que Dios,*

que es justo, nos perdonará nuestros pecados y nos limpiará de toda maldad".[35] Esto es necesario para todos los que quieran ministrar efectivamente a otros que necesitan la limpieza espiritual. Si usted no resuelve el problema del pecado, el pecado puede dañar su ministerio y quitarle el gozo de su salvación en Cristo.

Peligros mentales.

El pensamiento del capellán encara por lo menos cuatro peligros principales.

Agotamiento mental.

Las demandas pesadas de su ministerio y su trabajo voluntario pueden ponerlo a usted bajo tal presión que sus pensamientos pueden confundirse a causa de la prisa en que usted se encuentra. En ese momento es necesario "descansar un poco" (Marcos 6:31). Jesús les dijo: *"Vengan, vamos nosotros solos a descansar un poco en un lugar tranquilo. Porque iba y venía tanta gente, que ellos ni siquiera tenían tiempo para comer*"[36] Usted necesita redimir el tiempo porque los días son malos (Efesios 5:16), "*Que nadie los engañe con palabras huecas, porque precisamente por estas cosas viene el terrible castigo de Dios sobre aquellos que no lo obedecen."*[37] Pero su vida no deberá ser frenética.

Envolvimiento emocional.

Usted no se debe identificar demasiado con los prisioneros a quienes usted ministra, perdiendo objetividad y llegando a estar demasiado involucrado emocionalmente con ellos.

El orgullo.

Ya que tantos dependen de usted para su ayuda, usted puede llegar a llenarse de pensamientos orgullosos. Esto puede ocurrir si usted llega a ser un crítico de otros y lento para reconocer sus propias debilidades. Pablo da una buena prescripción para este achaque en Gálatas 6:1: *"Hermanos, si ven que alguien ha caído en algún pecado, ustedes que son espirituales deben ayudarlo a corregirse. Pero háganlo amablemente; y que cada cual tenga mucho cuidado, no suceda que él también sea puesto a prueba".*[38]

Actitud de derrota.

Es fácil para el voluntario desarrollar una actitud de derrota. Muchos a quienes usted ministra lo rechazarán, su ayuda, y su mensaje. Muchos a quienes usted aconseja continuarán viviendo vidas derrotadas, depresivas y desalentadas. Esto no significa que usted ha errado en su llamado, o que usted es ineficaz, pero aun así duele cuando estos sentimientos le atacan. Cuando sea superado por una actitud de derrota, el ministerio del capellán llegará a ser ineficaz y limitado, No lo permita jamás.

Peligros sociales

Negligencia con su familia.

Muchas veces es fácil fracasar en proveer liderazgo espiritual en su hogar. Asegúrese suplir las necesidades de relajación, entretenimiento y diversión con su familia. Invierta el tiempo adecuado con su cónyuge y sus hijos. La seriedad de esto se puede ver en la advertencia dada por el apóstol Pablo que fallar en proveer para la familia es peor que una herejía (1 Timoteo 5:8). *"Pues quien no se preocupa de los suyos, y sobre todo de los de su propia familia, ha negado la fe y es peor que los que no creen"*.1

Negligencia o conformidad.

Algunos ministros van a uno de dos extremos en el área social algunos no se mantienen al día con los sucesos actuales y no tienen ningún envolvimiento en la política ni siquiera votando.

Ignorancia

Ellos no tener conocimiento de los sucesos actuales, lenguaje, música, y arte. En contraste, Pablo conoció acerca de estas cosas: juegos (1 Corintios 9:24-27), *"Ustedes saben que en una carrera todos corren, pero solamente uno recibe el premio. Pues bien, corran ustedes de tal modo que reciban el premio. [25]Los que se preparan para competir en un deporte, evitan todo lo que pueda hacerles daño. Y esto lo hacen por alcanzar como premio una corona que en seguida se marchita; en cambio, nosotros luchamos por recibir un premio que no se marchita. [26]Yo, por mi parte, no corro a ciegas ni peleo como si estuviera dando golpes al aire. [27]Al contrario, castigo mi cuerpo y lo obligo a obedecerme, para no quedar yo mismo descalificado después de haber enseñado a otros"*.[39] Lenguaje y filosofía (Hechos

17:22-31), *"Pablo se levantó en medio de ellos en el Areópago, y dijo:*

"Atenienses, por todo lo que veo, ustedes son gente muy religiosa.[23]Pues al mirar los lugares donde ustedes celebran sus cultos, he encontrado un altar que tiene escritas estas palabras: 'A un Dios no conocido'. Pues bien, lo que ustedes adoran sin conocer, es lo que yo vengo a anunciarles.

[24]"El Dios que hizo el mundo y todas las cosas que hay en él, es Señor del cielo y de la tierra. No vive en templos hechos por los hombres,[25]ni necesita que nadie haga nada por él, pues él es quien nos da a todos la vida, el aire y las demás cosas.[26]"

De un solo hombre hizo él todas las naciones, para que vivan en toda la tierra; y les ha señalado el tiempo y el lugar en que deben vivir,[27]para que busquen a Dios, y quizá, como a tientas, puedan encontrarlo, aunque en verdad Dios no está lejos de cada uno de nosotros.[28]Porque en Dios vivimos, nos movemos y existimos; como también algunos de los poetas de ustedes dijeron: 'Somos descendientes de Dios."[29] Siendo, pues, descendientes de Dios, no debemos pensar que Dios sea como las imágenes de oro, plata o piedra que los hombres hacen según su propia imaginación. [30]Dios pasó por alto en otros tiempos la ignorancia de la gente, pero ahora ordena a todos, en todas partes, que se vuelvan a él. [31]Porque Dios ha fijado un día en el cual juzgará al mundo con justicia, por medio de un hombre que él ha escogido; y de ello dio pruebas a todos cuando lo resucitó."[40] *(Tito 1:12). "Fue un profeta de la misma isla de Creta quien dijo de sus paisanos: "Los cretenses, siempre mentirosos, salvajes, glotones y perezosos".*[41] *El buscó ser todas las cosas a toda la gente para poder salvar a alguno (1 Corintios 9:20-22). "Cuando he estado entre los judíos me he vuelto como un judío, para ganarlos a ellos; es decir, que para ganar a los que viven bajo la ley de Moisés, yo mismo me he puesto bajo esa ley, aunque en realidad no estoy sujeto a ella.*[21]*Por otra parte, para ganar a los que no viven bajo la ley de Moisés, me he vuelto como uno de ellos, aunque realmente estoy sujeto a la ley de Dios, ya que estoy bajo la ley de Cristo.* [22]*Cuando he estado con los que son débiles en la fe, me he vuelto débil como uno de ellos, para ganarlos también. Es decir, me he hecho igual a todos, para de alguna manera poder salvar a algunos.*[42]

Intelectualizarse

Otros van a otro extremo, voluntariamente conformándose al modelo de pensamiento de esta sociedad (Romanos 12:2) "No vivan ya según los criterios del tiempo presente; al contrario, cambien su manera de pensar para que así cambie su manera de vivir y lleguen a conocer la voluntad de Dios, es decir, lo que es bueno, lo que le es grato, lo que es perfecto".[43] Los del mundo ponen la seguridad y la ganancia material por encima del servicio a Dios. Para ser un capellán y voluntario exitoso usted debe ser de otra manera: contento con las cosas que usted tiene (Hebreos 13:5,6) "No amen el dinero; conténtense con lo que tienen, porque Dios ha dicho: "Nunca te dejaré ni te abandonaré." [6]Así que podemos decir con confianza: "El Señor es mi ayuda; no temeré. ¿Qué me puede hacer el hombre?"[44] y buscando primeramente el reino de Dios (Mateo 6:33). "Por lo tanto, pongan toda su atención en el reino de los cielos y en hacer lo que es justo ante Dios, y recibirán también todas estas cosas."[45]

Peligros físicos

Muchos no consideran sus necesidades físicas adecuadamente. Este fallo hará no solamente más difícil el ministerio de capellán, sino también deshonra a Dios, ya que El nos manda dedicar nuestros cuerpos a él (Romanos 12:1). *"Por tanto, hermanos míos, les ruego por la misericordia de Dios que se presenten ustedes mismos como ofrenda viva, santa y agradable a Dios. Este es el verdadero culto que deben ofrecer"*.[46] Tres áreas donde una persona probablemente abusa o descuida su cuerpo son:

Ejercicio, Dieta, y descanso.

Si el capellán pone atención a estas cosas es probable que pueda mantener el vigor requerido para un ministerio efectivo.

Peligros profesionales

Lenguaje muy elevado

Pretender usar un lenguaje muy elevado con las personas a las que les sirve, su servicio podría quedar sin efecto positivo a pesar de su buena intención y esfuerzo.

Pretender privilegios

El capellán es merecedor de respeto y atenciones, pero si la persona que debe darlos, no los da en el momento y lugar indicado el capellán debe analizar la situación, desde el punto de vista espiritual y entender que no todos quieren que ministremos en nombre de Jesús.

CAPITULO 6

¿QUIEN MANDA?

RESPONSABLES DE PRISIÓN Y CÁRCELES

El Capellán que ha sido llamado para el ministerio de la cárcel y la prisión normalmente siente una compasión abrumadora por los encarcelados, pero es importante recordar que hay otras personas en prisiones y cárceles. Generalmente hay cuatro categorías o tipos de personal que se encontrarán en las instituciones correccionales:

Administración

Los alcaides, carceleros, corregidores, Secretarios y el personal de registros.

"El terreno siempre lacerado por las violaciones que en las mismas prisiones se producen por naturaleza: tanto las preventivas como las de ejecución de penas. El ejecutivo, a cuya disposición se encuentra

hasta la fecha, ha abusado de su poder y lacerado y lacerado con actuaciones, generalmente subjetivas, y con frecuencia, fuera del derecho, las garantías y los derechos humanos de los reclusos, aprovechando la timidez- que se comprende con facilidad- del poder judicial que solo supervisa la situación de los internos procesados de una manera burocrática. Únicamente las personas piadosas- generalmente de raíz religiosa- se acercaban a las prisiones para aliviar, en lo que podían, la vida infrahumana que vivían los prisioneros. Por los abusos y las violaciones de los derechos de los penados, por parte de las autoridades que han administrado la pena, empezó a germinar la idea de que el Poder Judicial tenía la obligación de supervisar la forma en que se aplican las condenas impuestas en sentencias ejecutadas. En Francia 1810, se crearon las Comisiones de Vigilancia, por Decreto de 20 de octubre de ese año. Pero no es sino hasta 1978 en que aparece, ya perfilada, la figura del Juez de Ejecución de Penas que también se conoció con el nombre de Juez de Aplicación. No obstante el país que se adelantó a todos fue Brasil quien en 1922 reguló las funciones y competencias del Juez de Ejecución de penas, en forma tan amplia, que los críticos hablaron exceso. En España y como lógica reacción al régimen dictatorial de Franco vio la luz hasta 1979. Su aparición quiso reparar todas las heridas que se habían infringido en las prisiones a los penados, durante el largo periodo de la tiranía."[47] *Los funcionarios jerárquicos están convencidos de que la gran cárcel o la cárcel con mejores comodidades soluciona sus problemas. Pero no los de los presos.*

Por norma general la mentalidad del carcelero está adscripta a la disciplina y a la seguridad. *"De ahí su convencimiento de que un recluso alojado las 24 horas del día en una celda es alguien que no molesta. O que un eficaz sedante o un depresor en el desayuno aseguran la tranquilidad de la población estable para el resto del día. Su criterio se ha vuelto automático, sólo atento a esos conceptos de disciplina y seguridad. Sus únicas obsesiones son el motín y la fuga. Para él, el preso, más que seguro y bien, debe permanecer bien seguro. En algunos países de la región, la administración carcelaria está dirigida por fuerzas militares o policiales.*

En Cuba, la administración carcelaria tiene carácter militar y otro tanto ocurre actualmente en ciertos Estados de México; una brigada militar dirige el establecimiento de Jueces en Porto Alegre (Brasil); en Chile la gendarmería; en Uruguay la policía; y en la Argentina, excepto en la provincia de Mendoza, la dirección es paramilitar, con oficialidad, tropa, leyes orgánicas, reglamentos, estatutos y vestimenta castrenses, casino de oficiales y suboficiales. Los presos, que odian el uniforme policial, llaman tradicionalmente a esos funcionarios "policías". De tal modo se contraría lo establecido en el Anexo de las Reglas Mínimas de Ginebra para el Tratamiento de Reclusos.

En las "Recomendaciones sobre la selección y formación del personal penitenciario", al referirse en el párrafo VI a las "Condiciones generales de servicio", se expresa que dicho personal "deberá tener carácter civil" (Párrafo 1) y, más concretamente, en el párrafo 3: "No se deberá formar con miembros de las fuerzas armadas, de la policía y de otros servicios públicos". Otras veces el personal resulta designado por razones políticas y sin ningún conocimiento del tema. Es que las instituciones suelen ser la sombra amplificada de quien las dirige." [48]

Quienes se encuentran en contacto directo con los reclusos no son, precisamente, los funcionarios o el personal jerárquico, sino los celadores o guarda cárceles que están frente a ellos. Son presos al revés, del otro lado de la reja. El guarda cárcel, el que da la cara por estar en inmediación con los reclusos, suele creer, como pocos en la cárcel, que está prestando un servicio y que la sociedad espera mucho de él. Fallar es una traición al cuerpo penitenciario que los cobija. Al ministrar hay que entender que el guarda cárcel está tan necesitado de auxilio espiritual como el preso. Es de suma importancia que el capellán le ofrezca su apoyo espiritual a los administradores, a todos los niveles. El personal de custodios y requisa padece, por lo general, tristeza, soledad, desamparo, desarraigo y los mismos problemas de déficit educacional y sanitario que la mayoría de los presos. Viven sobre ascuas, en la zozobra." [49]

"Nadie se ocupa seria y honestamente de ellos. El personal superior, que milita en una clase más acomodada, trata por todos los medios a su alcance de no correr riesgos. En sus coloquios carcelarios se suelen mostrar como actores de severas situaciones carcelarias. Actores, en fin, sin conciencia de lo ingenuo. Enarbolan cierto heroísmo moral, pero en algún pliegue de su conciencia saben que no es así."[50]

Tratamiento

El personal de tratamiento son: los consejeros, Los capellanes, Los profesores, y el personal médico. *"Las críticas más salientes que recibe el tratamiento carcelario se centran en que la atención médica, presenta graves deficiencias en muchos centros. Entre los problemas denunciados figuran; el trato totalmente inadecuado que reciben los enfermos mentales, la falta de atención a las necesidades de salud de las mujeres, las dificultades para recibir medicamentos recetados por el médico y la negativa o el retraso en prestar los cuidados médicos necesarios."*[51]

"Annette Romo, joven embarazada recluida en Maricopa, suplicó en vano al personal de la cárcel que le trajeran ayuda médica cuando comenzó a sangrar en 1997. Al final perdió el conocimiento y fue trasladada rápidamente al hospital. El niño murió. La falta de protección adecuada contra las enfermedades contagiosas, sumada al hacinamiento y a las condiciones antihigiénicas, entraña un grave e innecesario peligro para muchas vidas."[52]

a) La llamada "crisis del tratamiento" sobre la base de su onerosidad y el hecho concreto de los magros resultados obtenidos en cuanto a la reincidencia. Esas reincidencias indicarían la falencia de los Estados en el cumplimiento de las normas de fondo y de forma que deben instituir los establecimientos carcelarios, más que la del propio recluso.

b) El tratamiento efectuado en lóbregas prisiones perpetúa las relaciones sociales de dominación como reguladoras del conflicto, legitima la privación de libertad como pena y al establecimiento que la adjetiva, dando a ese ámbito la función de la ejecución penal impuesta a todo el que no converja y encaje en el "deber ser" establecido. Ello impide o dificulta la posibilidad del reemplazo de la prisión clásica por penas alternativas y sustitutivas. O, en otras palabras, quienes se aferran al tratamiento provocan un vacío que es el de generar nuevas dirigidas a la despenalización de múltiples delitos o la consecución de un derecho penal mínimo.

c) Los estados crean delincuentes, en el mejor de los casos por incuria y garrafal imprevisión - una suerte de abuso del poder por omisión -, para pretender luego intentar su readaptación a través del tratamiento. No está demostrado que los Estados tengan un serio y honesto interés en la tan mentada readaptación del delincuente, a juzgar por los depósitos de menores transgresores y de jóvenes en prisiones deleznables.

d) Desde el punto de vista de la operatividad del sistema, se señala que tanto el tratamiento carcelario como la denominada readaptación o resocialización constituyen una suerte de parche, una adenda y que es un absurdo. Al recluso le echan encima horas y horas de tratamiento en miras a la readaptación social. Tarde o temprano regresa a la sociedad liberado condicional o definitivamente; entonces, ¿dónde va a ir con su tratamiento el presunto readaptado? Pues, por razones más obvias que complicadas, a la misma sociedad que lo generó e hizo delincuente..."[53]

e) En todo caso, al recluso habría que ayudarle a concientizar el porqué y el cómo de su marginación social y la incidencia de los controles sociales del poder sobre su delito y su culpa. El tomar contacto reflexivo sobre la situación, común a muchísimos reclusos, permitiría convertirlos en una suerte de agentes para el cambio social.

f) El tratamiento, en especial el psíquico, ¿es obligatorio? Tal vez se centre en esta situación la crítica menos liviana. Los terapeutas, médicos psiquiatras y psicólogos saben que la esencia de un tratamiento está en la voluntariedad. De otro modo implica irrumpir violentamente sobre la privacidad, que constituye un trascendente derecho individual.

Ocurre, entretanto, que el resultado de un tratamiento, más allá de su borroso confín teórico debe, según la normativa de muchos países, ser conocido por jueces para decidir libertades condicionales y conmutación de penas, con lo que, en ocasiones muy a su pesar, el recluso no puede negarse. Su libertad está en juego."[54]

"No se puede readaptar a nadie a la misma sociedad o al mismo ambiente que lo hizo y lo ha lanzado a la delincuencia. Igualmente ocurre con la llamada crisis del tratamiento carcelario. Alguna vez se dijo que a la pregunta "¿la prisión regenera?" habría que cambiarla por "¿el personal regenera?" Sabe el personal penitenciario que con los medios y servicios con que cuenta, ligados a esas cárceles atiborradas de seres humanos, es imposible hacer algo que dignifique y estimule su profesión. De ahí que, ligado también a otros motivos, suelen sentir vergüenza y menoscabo social por su actividad en las cárceles, lo que se traduce en desidia. Y ésta, de modo invariable, en ineficacia."[55]

Seguridad

Los oficiales a cargo y los oficiales en línea. Con uno de los índices de criminalidad más altos del país, Maryland aloja a algunas de las mujeres más peligrosas del mundo.

"El Instituto Correccional de Mujeres de Maryland, que se encuentra en Jessup. En ella se juntan todo tipo de delincuentes, desde ladronas de poca monta hasta asesinas a sangre fría.

Muchas de estas mujeres están en un alto grado de tensión, y controlarlas puede ser una tarea difícil y peligrosa."

"Quinientos de cada cien mil americanos están en prisión, mientras que la media en Europa es de entre setenta a cien presos por cada cien mil habitantes. Además, unos cinco millones de norteamericanos están en libertad a prueba o bajo palabra, sometidos a control penal. Toda persona tiene derecho a no ser torturada ni maltratada. Sin embargo, este derecho se viola diariamente en centros penitenciarios de todo Estados Unidos. La población reclusa de Estados Unidos asciende a más de 1.700.000 personas. Más del 60 por ciento de ellas pertenecen a minorías raciales o étnicas. Más de la mitad son de raza negra. El número de reclusos es más de tres veces superior al que había en 1980, y el número de mujeres presas se ha cuadruplicado desde entonces

Unos 77.000 presos están recluidos en instituciones penitenciarias privadas. Ha habido denuncias de casos graves de malos tratos infligidos a presos y de malas condiciones en centros de este tipo de diversos estados. Se construyen centros nuevos, pero no lo suficiente para satisfacer la demanda, por lo que en muchos hay problemas de hacinamiento y falta de personal que crea unas condiciones peligrosas e inhumanas. La violencia física y sexual es endémica en muchos centros penitenciarios.

En noviembre de 1997, una delegación de Amnistía Internacional que visitó la institución SCI-Greene, prisión de súper máxima seguridad de Pensilvania que alberga a condenados a muerte, se entrevistó con reclusos que aseguraban ser víctimas de golpes e insultos racistas a manos de los guardias. En mayo de 1998, tras realizarse una investigación interna, varios guardias fueron despedidos y alrededor de veinte más fueron objeto de medidas disciplinarias por haber maltratado a los reclusos.

En Alabama se castigaba a los presos atándolos a un poste de inmovilización, conocido como «la barra de amarre», a veces durante horas y con un calor sofocante o un frío glacial.

En enero de 1997, un magistrado federal falló que el estado debía dejar de utilizar este método, que calificó de «castigo doloroso y tortuoso», pero en julio de 1998 estaba todavía pendiente una apelación presenta por el estado contra la resolución federal."[56]

Recursos para las personas en prisión y libertad condicional los encarcelados y los fideicomisarios.

Canales de recursos

~El Departamento de Recursos Humanos;
~Departamento de Servicio a Familia y niños; la Iglesia;
~La Sala de Emergencia;

~La Policía; la familia;
~Los amigos de la persona;
~La agencia de servicio social
~La agencia domestica de salud que sirve a la persona,
~La administración de la facilidad de enfermería domestica.

Recursos nacionales y locales para prisioneros que viven con el VIH y/o la hepatitis C (algunos recursos locales pueden estar disponibles para cualquier persona). Tomado de: **A Guide on the Inside: Women Talking to Women About HIV.**

HIV Health Library
131 Clarendon Street
Boston, MA 01226
617-450-1432

HIV/AIDS Treatment Information Service (ATIS)
PO Box 6303, Rockville, MD 20849-6303
800-448-0440
www.hivatis.org
www.aidsinfo.nih.gov/LiveHelp/
Literatura gratuita del gobierno de los EE.UU.

Medical Management of HIV
www.hopkins-hivguide.org/publications/main
Recursos en línea solamente; no hay información de contacto.

Positively Aware; Positively Aware en español
5537 North Broadway Street, Chicago, IL 60640
773-989-9400 fax 773-989-9494
tpan@tpan.com

POZ Magazine
500 Fifth Avenue, #320, New York, NY 10110-0303
212-242-2163 fax 212-675-8505
www.poz.com

Prison Legal News
2400 NW 80th Street, #148, Seattle, WA 98117-4449
206-246-1022
www.prisonlegalnews.org
info@prisonlegalnews.org

Prisoner's Guide to Survival
PSI publishing
413-B 19th Street #168, Lynden, WA 98264
800-557-8868
www.prisonerlaw.com
prisonersurvival@earthlink.net

Prisoner's Self-Help Litigation Manual
Oceana Publications
75 Main Street, Dobbs Ferry, NY 10522-1601
914-693-8100
www.oceanalaw.com
orders@oceanalaw.com

WORLD (para mujeres)
414 13th Street, 2nd Floor
Oakland, CA 94612
510-986-0340 fax 510-986-0341
Boletín mensual con historias personales e información médica fácil de entender.

NATIONAL
AIDS Training and Education Center (ATEC)
301-443-6365
www.aids-ed.org
Capacita a proveedores de atención médica, incluyendo a personal de los correccionales. Tiene sitios de capacitación a lo largo de los EE. UU.

Hepatitis C Awareness Project
National Hepatitis C Prison Coalition
www.hcvinprison.org/cms/index.php
hepinfo@hepeducation.org
Ofrece información y otros servicios para la hepatitis C y el HIV.

National Association of People with AIDS
8401 Colesville Road, #505
Silver Spring, MD 20910
240-247-0880, 866-846-9366
fax 240-247-0574
www.napwa.org

National Clearinghouse for the Defense of Battered Women
125 South 9th Street, #302
Philadelphia, PA 19107
215-351-0010 fax 215-351-0779
www.ncdbw.org

National HIV Treatment Hotline
Project Inform
800-822-7422
Puede enviar por correo materiales a los prisioneros.

National Lawyers Guild
132 Nassau Street, #922
New York, NY 10038
212-679-5100 fax 212-679-2811
www.nlg.org

National Legal Aid and Defender Association
1140 Connecticut Ave, NW, #900
Washington, DC 20036
202-452-0620
www.nlada.org; info@nlada.org

National Minority AIDS Council
1931 13th Street, NW
Washington, DC 20009-4432
202-483-6622 fax 202-483-1135
communications@nmac.org
info@nmac.org

Lista de recursos, boletín y otros materiales educativos.

National Prison Project
American Civil Liberties Union
125 Broad Street, 18th Floor
New York, NY 10004
202-393-4930 fax 202-393-4931
www.aclu.org/prison
Biblioteca de publicaciones, información y remisiones a varios programas a lo largo de los EE. UU.

CALIFORNIA
AIDS Project Los Angeles
611 South Kingsley Drive
Los Angeles, CA 90005
213-201-1600
www.apla.org; info@apla.org

California Coalition for Women Prisoners
1540 Market Street, #490
San Francisco, CA 94102
415-255-7036 fax 415-552-3150
www.womenprisoners.org
info@womenprisoners.org

California Indian Legal Services
609 S. Escondido Boulevard, Escondido, CA 92025
760-746-8941, 800-743-8941
fax 760-746-1815
www.calindian.org

California Innocence Project
225 Cedar Street, San Diego, CA 92101
800-255-4252, 619-239-0391
www.innocenceproject.com
Solo para sentenciados a por los menos 4 años en el Sur de California.
California Prison Focus

HIV in Prison Committee (HIP)
1904 Franklin Street, #507, Oakland, CA 94612
510-836-7222 fax 510-836-7333
contact@prisons.org
Organización que aboga por la disponibilidad de utensilios que reduzcan el daño (jeringas, condones).

Center for Health Justice
Southern California Office:
8235 Santa Monica Blvd, #214, West Hollywood, CA 90046
Bay Area Office:
700 Larkspur Landing Cir, #150
Larkspur, CA 94939
www.healthjustice.net

Centerforce
2955 Kerner Blvd, 2nd Floor, San Rafael, CA 94901
415-456-9980 fax 415-456-2146
www.centerforce.org

Disability Rights Education Defense Fund
2212 6th Street, Berkeley, CA 94710
510-644-2555 fax 510-841-8645
www.dredf.org; dredf@dredf.org

Freedom Foundation
PO Box 487
San Quetin, CA 94964

Legal Services for Prisoners with Children
(Servicios Legales para Prisioneros con Niños)
1540 Market Street, #490
San Francisco, CA 94102
415-255-7036 fax 415-552-3150
www.prisonerswithchildren.org
info@prisonerswithchildren.org

Marin AIDS Project
910 Irwin Street
San Rafael, CA 94901
415-457-2487 fax 415-457-5687v www.mari-naidsproject.org/index2.html

Penal Law Project
W 2nd & Cherry Streets
Chico, CA 95929

Prison Law Office
General Delivery
San Quentin, CA 94964
www.prisonlaw.com
No hay llamadas telefónicas.

Prisoners' Rights Union
PO Box 1019
Sacramento, CA 94812
www.dragonspeaks.org/pru/DefaultKA.htm

CONNECTICUT
Beyond Fear Program: Community Partners in Action
119 Washington Street
Hartford, CT 06106
860-525-6691
www.cpa-ct.org/hiv-aids.php
vlewis@cpa-ct.org

DELAWARE

AIDS Delaware New Castle County Office
100 West 10th Street, #315
Wilmington, DE 19801
hotline: 800-422-0429
302-652-6776 fax 302-652-5150
www.aidsdelaware.org/contact.htm

Delaware Center for Justice
100 West 10th Street, #905
Wilmington, DE 19801
302-658-7174
www.dcjustice.org
center@dcjustice.org

FLORIDA

Prison Legal Aid Network
1521 Alton Road, #366
Miami Beach, FL 33139
Sitio web con directorio de referencia: www.prisonet.com/info2.asp?id=164

GEORGIA

AIDS Survival Project
139 Ralph McGill Boulevard, #201
Atlanta, GA 30308
404-874-7926, 877-AIDS-444
info@aidssurvivalproject.org

Southern Center for Human Rights
83 Poplar Street, NW
Atlanta, GA 30303-2122
404-688-1202 fax 404-688-9440
www.schr.org

ILLINOIS

Test Positive Aware Network
5537 N. Broadway Street, Chicago, IL 60640
773-989-9400 fax 773-989-9494
www.tpan.com; tpan@tpan.com

KANSAS

Good Samaritan Project Kansas Office
630 Minnesota, #202, Kansas City, KS 66102
816-561-8784 fax 913-371-6648
www.gsp-kc.org

MAINE

National Death Row Assistance Network of CURE
Claudia Whitman
6 Tolman Road, Peaks Island, ME 04108
888-255-6196
www.ndran.org
claudia@celldoor.com

MARYLAND

Grassroots Investigation Project (GRIP)
Quixote Center
PO Box 5206
Hyattsville, MD 20722
301-699-0042
www.lairdcarlson.com/grip

claudia@celldoor.com
Para familiares en lista de espera de ejecución y activistas en contra de la pena de muerte, que trabajan con los medios de comunicación, los abogados y los centros docentes.

MASSACHUSETTS

Prison Book Program
Quincy location:
c/o United First Parish Church
1306 Hancock Street, #100
Quincy, MA 02169
Amherst location:
PO Box 396
Amherst, MA 01004
Suministra gratuitamente libros para proyectos sobre prisioneros e individuos.

Prison Policy Initiative (con enfoque en las mujeres)
PO Box 127
Northampton, MA 01061
www.prisonpolicy.org/research/women/
Esta agencia debió haber sido conocida antes como "Womenâ€™s Prison Initiative (Rural Opportunities)"

MISSOURI

Good Samaritan Project
Missouri Office

3030 Walnut, Kansas City, MO 64108
816-561-8784 fax 816-531-7199
www.gsp-kc.org

NEBRASKA

Nebraska AIDS Project
Omaha Office and
Watanabe Wellness Center
139 South 40th Street, Omaha, NE 68131
402-552-9260 fax 402-552-9251
www.nap.org; info@nap.org

NEW JERSEY

Centurion Ministries
221 Witherspoon Street, Princeton, NJ
08542-3215
www.centurionministries.org

NEW YORK

Action Front Center: Action for a Better Community
Jerald Noble, Program Director
33 Chestnut Street, Rochester, NY 14604
585-262-4330
AIDS in Prison Project Osborne Association
809 Westchester Avenue Bronx, NY 10455
(también direcciones en Brooklyn, Beacon)
hotline: 718-378-7022
718-707-2600 fax 718-707-3102

http://www.osborneny.org/aids_in_prison_project.htm
info@osborneny.org
Organización de defensoría que suministra materiales educativos, grupos de apoyo para los prisioneros, y planeamientos para darles de alta.

Albany Medical Center
Albany Medical College
47 New Scotland Ave
Mail Code 158, Albany, NY 12208
518-262-4043
www.amc.edu/patient/HIV/hivconf.htm

Alliance for Inmates with AIDS (ALLIA)/ Latino Prison Project
50 West 17th Street, 8th Floor, New York, NY 10011
212-647-1415

Center for Community Alternatives
39 W 19th Street, 10th Floor, New York, NY 10011
212-691-1911 fax 212-675-0825
www.communityalternatives.org/index.html

Correctional Association of New York
2090 Adam Powell Blvd, #200, New York, NY 10027
212-254-5700 fax 212-473-2807
www.correctionalassociation.org

The Fortune Society
29-76 Northern Boulevard, Long Island City, NY 11101
212-691-7554 fax 347-510-3451
www.fortunesociety.org
Boletín gratuito Fortune News, con artículos escritos por prisioneros actuales o que fueron prisioneros.

NYC Commission on Human Rights, HIV Prison Project
40 Rector Street, 10th Floor, New York, NY 10006
212-306-7544
www.nyc.gov/html/cchr/html/newsletter/news-grants.html

Prisoners' Legal Services of New York
PLS Central/Albany Office
41 State Street, #M112, Albany, NY 12207

PLS Buffalo Office
Statler Towers, #1360, 107 Delaware Avenue
Buffalo, NY 14202

PLS Ithaca Office
102 Prospect Street, Ithaca, NY 14850

PLS Plattsburgh Office
121 Bridge Street, #202, Plattsburgh, NY 12901
www.plsny.org

Women's Prison Association
110 Second Avenue, New York, NY 10003
646-336-6100 fax 646-292-7763
www.wpaonline.org
glerner@wpaonline.org

PENNSYLVANIA

AIDS Law Project Pennsylvania
1211 Chestnut Street, #600 Philadelphia, PA 19107
215-587-9377 fax 215-587-9902
www.aidslawpa.org

AIDS Library
1233 Locust Street, 2nd Floor, Philadelphia, PA 19107
215-985-4851 fax 215-985-4492
www.aidslibrary.org
library@aidslibrary.org

BEBASHI: Blacks Educating Blacks

About Sexual Health Issues
1217 Spring Garden Center, 1st Fl, Philadelphia, PA 19123
215-769-3561 fax 215-769-3860
www.bebashi.org, bell@critpath.org

Critical Path AIDS Project
Philadelphia Fights
www.critpath.org

critpath@critpath.org
Hubo un importante recorte de fondos en septiembre de 2008, de manera que los recursos son limitados.

Lewisburg Prison Project
PO Box 128, Lewisburg, PA 17837
570-523-1104
www.eg.bucknell.edu/~mligare/LPP.html
prisonproject@chilitech.net

RHODE ISLAND

Infectious Diseases in Corrections Report
146 Clifford Street, Providence, RI 02903
401-453-2068 fax 401-272-7562
www.idcronline.org
idcrme@gmail.com
Foro para resolver problemas acerca del cuidado del VIH y el VHC en los correccionales.

TEXAS

ACLU of Texas, Dallas Office
PO Box 703256
Dallas, TX 75370
www.aclutx.org/chapters/dallas.php[57]

CAPITULO 7

CUIDADO EXTREMO

Ten cuidado de ti mismo.

Para el capellán poder ministrar exitosamente a toda la gente, debe caminar muy cuidadosamente. Si el capellán se inclina demasiado a las personas del "mundo libre", los presos podrán desconfiar acerca de sus verdaderos motivos. Si el capellán se inclina demasiado a un preso en particular, las personas del "mundo libre" también cuestionarán sus motivaciones. El capellán debe estar disponible a todos y ganar la confianza de toda la población de la institución, tanto del personal como del preso. *"Dios le ha llamado al ministerio y por esa razón usted ha pedido su ordenación - para poder servir a Dios más efectivamente. A través de su ministerio futuro, acuérdese siempre de su deseo de servir a Dios. Ese es el motivo más puro y noble que le puede sostener en los tiempos difíciles y usted debe guardar ese recuerdo como la medida de su ministerio. Ame el ministerio que Dios le ha encomendado.*

Dios le puede llevar por caminos y experiencias no previstas ni imaginadas. Servimos un día a la vez, muchas veces sin entender los propósitos de Dios, ni entender el impacto que tenemos en las vidas de otros. Pero llegará el día en que podremos mirar hacia atrás y ver que sí hemos logrado algo de valor. Sienta satisfacción de sus logros, porque fueron bendecidos por Dios. Ame su ministerio, porque Dios está en ello.

Dios en su infinita sabiduría sabe porqué le ha llamado al ministerio. Quizá usted no puede entender la razón, pero Dios le escogió antes de que naciera. Quizás su vida ha sido difícil, y usted ha sido víctima de abusos y maltratos. Quizás usted ha sufrido el rechazo y desdén de otros. Quizás usted ha tenido que sufrir necesidades. En todo eso Dios nunca se olvidó de usted, y le ha amado, y ahora le ha llamado a ser un príncipe en su reino, un ministro del evangelio, su representante en la tierra. Ame su ministerio, el patrimonio que Dios le ha legado.

Si Dios le ama y le valora tanto, usted mismo debe quererse y cuidarse. Ámese a sí mismo para que cuando usted cumpla el mandato "de amar a su prójimo como a usted mismo", realmente tenga sentimientos valiosos que dar. No importa si en su pasado hubo derrotas, errores o pecados. Dios le ha perdonado y ahora le ha apartado para su servicio. Ame su ministerio porque es señal de que Dios le ha santificado.

Quisiéramos que todo el mundo respetara al ministro de Dios, pero igual como la gente rechazó el mensaje de Cristo, y aún al Salvador mismo, llegará el día que usted sentirá el reproche del mundo. Lo más cortante es cuando los mismos familiares no entienden lo que uno quiere hacer y no apoyan sus esfuerzos. En esos momentos, acuérdese que usted fue llamado a servir a Dios y no a los familiares. Póngase a trabajar; póngase a ministrar, y no deje que nadie le detenga ni le desanime. Con el tiempo verán las vidas tocadas y transformadas bajo su ministerio y eso acabará con las dudas. Infortunadamente, la crítica puede venir de parte de otros ministros que no comparten la visión de la iglesia. A un siervo de Dios en comunión con el Padre Celestial, le daría gusto ver su ánimo para servir a Dios y quisiera compartir con usted sus experiencias. En el ministerio júntese con personas positivas, que sirven a Dios gozosamente. Pero sea maduro y comprenda que siempre habrá personas que no van a querer juntarse con usted por la simple razón de que no están en la misma comunión religiosa. Algún día la iglesia entera tendrá que rendir cuentas a Dios por sus muchas divisiones. Usted siempre sea positivo y cooperativo con otros en el ministerio. Servimos al mismo Dios y su Reino.

Si usted es criticado por no tener una educación teológica formal, usted puede explicar que está estudiando a distancia por Internet. Si no están conforme con sus certificados y diplomas, pues simplemente no se puede complacer a todo el mundo. Pero acuérdese que los certificados y diplomas son del hombre - lo que importa es cómo usamos estos instrumentos para dar a conocer al evangelio. Dios conoce su sinceridad. Es a Dios a quien tenemos que rendir cuentas por nuestro ministerio. Los que nos aman entenderán nuestro deseo de servir a Dios. La vida es demasiado corta para perder el tiempo oyendo la crítica de la gente. Manos a la obra.

Si hemos de ser criticados, que sea por los inconversos de este mundo. Que seamos criticados por hacer el bien, y no el mal. Que seamos criticados por seguir a Cristo. Me acuerdo de un relato tomado de "Don Quijote de la Mancha " cuando él había sufrido mucha crítica en un pueblo. Por la noche se retiraron del pueblo él y su ayudante. Sancho Panza le dice, "Señor, hasta los perros nos están ladrando." A lo cual contesta Don Quijote, "Es bueno, porque es señal de que cabalgamos." En inglés hay un dicho mucho más rudo. Dice, "Los perros pueden ladrar, pero el tren sigue su camino." Tome la crítica como señal de que su ministerio es efectivo, sabiendo que usted marcha en el poder de Dios. Nada le puede detener. Por eso, ame su ministerio porque es poderoso y puede ser la salvación de mucha gente."[58]

Ministrando a los no presos

La confidencialidad y la confianza deben establecerse con el personal tanto como con el encarcelado. El capellán de servicio comunitario debe establecer relaciones con el personal mediante la supervisión, preocupación y cuidado. Una vez que el personal ha visto que el capellán sabe las "reglas" y las obedece, el capellán está en buenas condiciones para ganar el respeto del personal.

Ministrando en la iglesia local

"La iglesia local es el ministerio fundamental de la fe. Es una institución legal que puede durar muchos años proveyendo la estabilidad para ofrecer un centro de adoración para muchas generaciones y la fuerza económica para sostener muchos ministerios. En la iglesia local se casan y se entierran a los santos. Se celebra el nacimiento de los niños, sus bautismos y pasajes de la vida, generación tras generación. Es un santuario de espiritualidad y a la vez un centro de compañerismo cristiano.

La persona que dirige toda esta organización, tanto espiritualmente como económicamente es el pastor. Es un trabajo de mucha responsabilidad y se requiere de un hombre o mujer sabio, que sabe llevarse bien con la gente. Como pastor suple las necesidades espirituales de los miembros. Como ministro visita a los enfermos y socorre a los sufridos. Como administrador dirige el programa de la iglesia y está siempre informado de su situación económica.

Por lo general hay tres maneras de conseguir este trabajo:

1) *Graduarse del seminario denominacional y recibir un llamamiento a una iglesia de la misma fe,*

2) *Recibir el llamamiento de una congregación que necesita un pastor, o*
3) *Empezar su propia iglesia. Si usted ha participado en actividades religiosas en su pueblo y es conocido dentro de la comunidad evangélica, es muy posible que una iglesia, probablemente pequeña, le invite a ser su pastor.*

Pero, si Dios le está dirigiendo, es tiempo de empezar una iglesia nueva. Es trabajoso y puede ser un compromiso de muchos años. Puede que siempre sea un pastor bi-vocacional, y a lo mejor así lo prefiere usted. Sin embargo, le puede ser un reto en sus años maduros. Si es joven quizá desea hacer del ministerio su profesión.

Antes que todo. Hay que considerar honestamente si uno califica como persona para empezar una iglesia, o aun para estar en el ministerio. Permítame proponer cuatro pautas para su reflexión.

¿Usted ha sido llamado?: El ministerio es una manera muy difícil de ganar el pan diario, por lo tanto no entre con ese fin. La gente puede poner a prueba su paciencia y ser muy ingrata. Si usted no está seguro de que Dios mismo le ha llamado a este trabajo, va a ser muy difícil perdurar. Recuerde que usted puede servir a Dios en otras formas, con la conciencia limpia, y ser muy efectivo. Esté muy seguro de su llamamiento al ministerio pastoral.

¿Está usted sano emocionalmente?: No es un pecado haber sido lastimado por otros en la vida. Sin embargo hay que enfrentar estas malas experiencias y resolver los conflictos que puede haber en su alma. Un consejero cristiano o psicólogo le puede ayudar. Sin mucha estabilidad emocional le será difícil cargar con el estrés que lleva el ministerio y poder tratar ecuánimemente con las personas en su ministerio. El ministerio no es un lugar para gente difícil, peleona, mandona, egoísta, que quiere "corregir" a todo mundo en el "nombre de Dios", ni para personas que piensan que siempre tienen la razón porque "Dios les habla." Eso es una forma de locura.

¿Tiene pureza de corazón?: ¿Tiene usted buenas intenciones hacia los demás o guarda en su corazón rencores y venganza? ¿Desea cooperar o siempre quiere ganar? ¿Vive usted con integridad o esconde su verdadera persona? ¿Es usted moral o añora todavía los vicios de la juventud? ¿Realmente desea la santidad? Cuando usted se ve en el espejo en la mañana, ¿le gusta la persona que ve? ¿Si Jesucristo regresara hoy, le podría recibir en su casa? Son conceptos simples, pero no podemos engañar a Dios. El conoce nuestro corazón.

¿Está sometido a Dios y a los hombres?: Estamos hablando de la obediencia, primero ante Dios, y después ante las reglas de la sociedad. No es tan difícil "ser bueno", pero sin pensar mucho en ellas, las pequeñas corrupciones de este mundo pueden

afectar las decisiones que hacemos y las acciones que tomamos. ¿Tiene su mente renovada en Cristo, con un estándar más alto de lo que es correcto en la vida? Sobre todo, ¿está usted dispuesto a obedecer a Dios y cambiar las áreas de su vida que él quiere transformadas? Es una cuestión de ética.

Ahora consideremos algunos puntos prácticos de cómo empezar una iglesia nueva. Primero, hay que buscar el núcleo con que empezar. Estas personas pueden ser sus familiares, amigos, personas que desean tener una iglesia nueva en su zona residencial, o simplemente un grupo de creyentes que comparten algo en común y desean formar una iglesia nueva. Prepárese para ganar nuevas almas a Cristo, pero en lo práctico, es de ventaja formar un grupo de creyentes con que empezar.

Usted como pastor necesita desarrollar un plan para hacer nuevos contactos, no perder contacto con las personas que visitan la iglesia, y llegar a los familiares de los congregantes. Mantenga un archivo de nombres y direcciones. Guarde las listas de llamadas que usted recibe y hace, siempre apuntando el número de teléfono y la naturaleza de la conversación. Aprenda a usar el teléfono para ahorrar tiempo y poder ministrar a más gente en su tiempo limitado. Se puede aprender mucho de los vendedores en este aspecto.

Ninguno es perfecto, y no todos son grandes oradores, ni músicos, ni tienen gran carisma; pero Dios sabe porqué los llamó. La gente puede perdonar muchos defectos en sus pastores, con la excepción de uno, el de no ser sincero. Si la gente ve que no le gusta orar con los enfermos, o ayudar a los necesitados, o preocuparse por la salvación de sus familiares, le van a tachar de no ser sincero. Si la gente piensa que solo quiere ser pastor para estar allá enfrente dirigiendo, su ministerio está perdido. Acuérdese que usted no puede llevar el ministerio de la iglesia adelante sin la ayuda de los miembros, por lo tanto, sea siempre amistoso con todos, no mandando, sino apelando a las buenas intenciones de la gente, suplicando que ellos también sean sinceros con Dios.

No se aparte de Dios, ni de la Biblia, y mucho menos de su familia. Guarde su salud mental recordando que hay vida fuera de la iglesia, y hay que limitarse a veces de servir demasiado a la gente. Cuando usted siente que no puede hacer todo en la iglesia, dependa del Espíritu Santo para obrar. Acuérdese que la iglesia es de Dios, y no de nosotros. Que Dios le bendiga en su nuevo ministerio." [59]

El tiempo

El capellán de servicio comunitario debe verse como un profesional, educado y bien entrenado. "En el sistema correccional hay una manera definitiva de ser reconocido como un no profesional y es establecer una reputación de tardanza. Los sistemas correccionales trabajan en base a la puntualidad. Si el capellán de servicio comunitario no es puntual, el punto de vista del personal en relación al capellán será que es "uno que quiere ser." [60]

Si usted es un voluntario el envolvimiento con el capellán de la institución es absolutamente imperativo. Sin considerar la denominación del capellán institucional o su relación personal con el Señor, es necesario que usted sea cooperativo, participando y respaldando los programas y políticas del capellán institucional.

Los capellanes y los consejeros de la institución no tendrán siempre las mismas creencias y ética que usted. Sin embargo, si no hay un espíritu de cooperación y participación, esto será notado por los presos y así se creará o se edificará una actitud ya existente de "ellos y nosotros". Esto no es solamente pernicioso al ministerio dentro de la prisión o cárcel, sino también puede llegar a ser peligroso.

Una nota final de precaución al capellán es; estar vigilante con respecto a la seguridad personal en todo momento. Ningún ministerio duradero puede establecerse con el personal del "mundo libre" si el capellán es conocido por violar o tergiversar las políticas y reglas de seguridad. Es importante saber que una violación de la seguridad puede costarle su trabajo a un empleado. Si el capellán cree estar por encima de los deberes y responsabilidades del personal, es probable que pierda su privilegio de ministrar.

Ministrando al preso

La importancia del ministerio en la institución correccional no puede sobreestimarse. Los administradores y los Alcades en el campo correccional reconocen las contribuciones hechas por los capellanes y otros que ofrecen su tiempo y dones en cárceles y prisiones. Esta evaluación de un Alcaide destacado puede ser el mejor ejemplo de esta opinión casi universal."*El capellán es el individuo más importante en la estructura rehabilitadora de una institución correccional. Es el capellán quien indica a los hombres cómo está su relación con Dios y sus semejantes, y quien por la palabra y el ejemplo los conduce más efectivamente hacia la rehabilitación completa.*

Quite el evangelio de la penitenciaría y el logro de tal institución sería básicamente la segregación temporal de hombres de una sociedad a la que ellos volverían más amargados que cuando entraron. Los programas educativos son buenos, pero impartir solamente conocimiento produce un criminal más inteligente. Los programas vocacionales son interesantes, pero impartirá únicamente adiestramiento vocacional simplemente se le daría al criminal las herramientas más efectivas para sus prácticas criminales.

Es el evangelio el que debe darle significado a este conocimiento y adiestramiento vocacional. El programa religioso es tanto el estímulo para y el propósito de otros en el programa de los centros correccionales. "El Ministerio Común a todas las Denominaciones.

En el cumplimiento de su importante misión en la institución correccional el capellán necesitará estar dispuesto.[61]

Ministerio Sacramental.

Esto incluye dirigir los servicios religiosos regularmente y los servicios especiales como la Comunión, el Bautismo, etc. La función primordial del capellán es mantener al individuo en una relación correcta con Dios y garantizar la paz de su alma y su felicidad. En las instituciones correccionales los sacramentos tienen una función secundaria pero es importante a causa de la belleza y dignidad que trae a las vidas que están viviendo en un ambiente de deslustre y monotonía.

En los sacramentos y mediante los sacramentos, es posible impartir a los fieles una instrucción metódica y eficaz acerca de la palabra de Dios y el ministerio de la salvación. En efecto, la misión evangelizadora del cristiano está vinculada esencialmente con el ministerio de santificación. El ministerio de la palabra no puede limitarse sólo al efecto inmediato y propio de la palabra.

La evangelización es el primero de los trabajos apostólicos, "se ordenan a que, una vez hechos hijos de Dios por la fe y el bautismo, todos se reúnan, alaben a Dios en medio de la Iglesia, participen en el sacrificio y coman la cena del Señor". Actuando en nombre de Cristo, el cristiano alcanza la eficacia de la acción sacramental por medio del Espíritu Santo, Espíritu de Cristo, principio y fuente de la santidad de la vida nueva.

La vida nueva que el cristiano suscita, alimenta, protege y desarrolla por medio de los sacramentos, es una vida de fe, esperanza y amor. La fe es el don divino fundamental: "De ahí la gran importancia que tienen la preparación y la disposición de la fe para quien recibe los sacramentos. De ahí también la necesidad del testimonio de la fe por parte del ministro en toda su vida, sobre todo en la manera de estimar y celebrar los mismos sacramentos" La fe que otorga Cristo por medio de los sacramentos va acompañada siempre por una "esperanza viva.

Por último, la unción y la oración por los enfermos, Es una misión prevista por Santiago, que en su carta enseñaba: "¿Está enfermo alguno entre vosotros? Llame a los ancianos de la Iglesia, que oren sobre él y le unjan con óleo en el nombre del Señor"(St 5, 14). Sabiendo, pues, que el sacramento de la unción está destinado a aliviar y a proporcionar purificación y fuerza espiritual, el cristiano sentirá la necesidad de esforzarse porque su presencia transmita al enfermo la compasión eficaz de Cristo y dé testimonio de la bondad de Jesús para con los enfermos, a los que dedicó gran parte de su misión evangélica.

CAPITULO 8

EL CAPELLAN EN SU PRÁCTICA

Instrucción religiosa

Esto incluye predicar en los servicios religiosos, dar clases sobre las verdades fundamentales básicas de la Biblia, y el adiestramiento y organización de actividades y el adiestramiento avanzado para grupos especiales que expresan interés. Debe usarse un enfoque especial en esta instrucción, diferente del enfoque ordinario usado en la mayoría de los cursos de religión. En una institución la presión está en el conocimiento y la disciplina personal.

1) Consejería privada y personal.

Esto incluye entrevistas planeadas y visitar tanto a mujeres como a hombres en el hospital, trabajo psiquiátrico, celdas de castigo, etc. Esta es una parte esencial del trabajo del capellán. Es en el consejo privado que el capellán trata de inculcar las grandes lecciones que conducen al cambio de corazón tan necesario para la rehabilitación. *"El capellán disfruta de la confianza de los presos en un grado que ningún funcionario de la institución alcanza. El capellán trata de usar esta confianza para promocionar los mejores intereses del individuo y de la institución."*[62]

2) **Consejería para los familiares de los presos.**

Ministrar a las familias de los presos y a otras personas relacionadas o preocupadas por ellos, muchas de las tensiones en una institución vienen de la preocupación por parte de los presos por el bien-estar de sus amados, o preocupación por parte de los presos de que están siendo olvidados por las personas de afuera. Es casi imposible para una persona que está intensamente ocupado y emocionalmente preocupado por sus amigos y sus parientes de afuera, o quien ha sido descuidado por ellos, considerar su propio carácter adecuadamente como para intentar mejorarlo. El capellán debería hacer todo lo que pueda para reducir estos obstáculos al mínimo.

La persona institucionalizada

La falta de conocimiento respecto a la vida en prisión produce mucha inquietud en los presos. Muchos creen que ha sido enviado a la prisión a ser castigados y no como castigo. Muchos vienen a la prisión con el sentimiento de que la experiencia los va a afectar adversamente y están ansiosos más que nada por eso. Esto los predispone a preocuparse por su estado de salud. Ellos se quejan de achaques triviales, que crecen en intensidad por eso.

Los estados de depresión y ansiedad son comunes por la culpabilidad, la vergüenza y el sentido de fracaso que resulta como producto de la encarcelación. El choque emocional y la depresión que acompaña la pérdida de libertad y la separación de los seres amados y los amigos, predispone al preso a un mucho más agudo sentido de preocupación del futuro. Esto es especialmente cierto en el caso de ofensores tomados presos por primera vez, quienes todavía poseen un considerable sentido de respeto y honor.

La tensión puede ser precipitada por un conflicto homosexual. Los presos pueden experimentar pugnas violentas dentro de si mismos con respecto a actividades homosexuales y temen sucumbir a impulsos homosexuales, temor o preocupación al castigo por actos homosexuales. La tensión extrema frecuentemente se desarrolla durante el intervalo en el que los presos esperan la respuesta a diversas peticiones o sentencias.

Habrá presos que tienen detenciones pendientes contra ellos y se les requiere presentarse en corte o deben enfrentar otras cargas aparte de la que en el momento están enfrentando, por la cual están siendo encarcelados.

Otra condición muy real que se experimenta en la prisión es la ansiedad y tensión de ser dejados libres antes de cumplir su sentencia. Estos son los individuos a quienes se les negó la atención, el interés y el afecto cuando eran infantes y niños y han crecido con un fuerte sentido de inseguridad e insuficiencia en su personalidad. Muchos se sienten más seguros en la prisión que en sus comunidades y sus propios hogares.

Algunos presos muestran un aparente bloqueo total de la mente. Ellos ignoran los hechos más comunes y a veces olvidan las cosas más elementales como su nombre, edad y lugar de nacimiento. Ellos pueden también inventar todo tipo de recuerdos falsos acerca de su vida pasada. Otros síntomas incluyen (pero no están limitados a): nerviosismo, insomnio, dolores de cabeza, falta de energía, vértigo y otras manifestaciones neuróticas. Estos síntomas pueden aumentar al grado de tratar de considerarse suficientemente enfermos como para ser llevados de la prisión a un tratamiento médico.

La mayoría de los factores de tensión serán el resultado de sentimientos de culpabilidad y el intento del preso por ser liberado de su culpa. El capellán debe tener cuidado, sin embargo, a no permitir al preso liberarse a sí mismo de gran parte de su sentido de culpabilidad, ya que tal manipulación puede resultar en sentimientos de auto piedad y depresión. Fomente la confesión y la oración, especialmente para los presos que tienen fuertes antecedentes religiosos. El disminuir la culpabilidad ayuda a los presos(a) a recobrar, a grados variantes, el respeto personal y el honor.

El capellán debería enfatizar también a los presos sus logros antes de ser encarcelados, el conocimiento y la experiencia obtenida durante su adiestramiento en el comercio.[63]

Ministrando al ex convicto

El capellán de servicio comunitario sin duda alguna tiene la oportunidad de ver el fruto de su ministerio en muchas maneras. Entre esas maneras está la transición del convicto al mundo libre. Mientras que este inicialmente será un tiempo emocionante y alegre para el preso, también puede ser muy devastador sin la preparación apropiada para el beneficio del convicto y la iglesia que lo recibe. La lista siguiente contiene algunos de los puntos que el capellán y la iglesia necesitarán recordar a fin de ayudar al ex-convicto a hacer una transición exitosa de la prisión al mundo libre.

Aceptación.

No solamente es importante que el convicto sea aceptado por las hermanas y hermanos en la fe, sino que es igualmente importante que el ex-convicto crea que es aceptado por aquellos en quienes él ha aprendido a confiar. Cuando el ex-convicto regresa a casa, debería tratarse como cualquier otra persona.

Necesidades

El capellán de servicio comunitario debe ver algunas de las necesidades que el ex-convicto tiene que el mismo ex-convicto no puede ver. Seguramente existirán algunos problemas de ajuste, tales como la habilidad para hacer decisiones propias, comunicación y habilidades verbales, paranoia y otros problemas para los cuales el ex-convicto no estaba preparado. Otras necesidades que el ex-convicto puede tener serán cosas tales como trabajo, educación, apoyo familiar y alimentación.

Además, el ex-convicto probablemente no tiene un grupo de apoyo tal como amigos, compañeros de trabajo, etc. El capellán puede ser el nexo transicional con la mayoría de estas necesidades. Será importante que el capellán de servicio comunitario tome la iniciativa para invitar al ex-convicto a su casa y a su iglesia.

El Ex-Convicto en la Iglesia

Nunca lo presente como un ex-presidiario a menos que se haga con su permiso. Es importante dejar que él mismo haga la decisión de dar a conocer su encarcelación previa. Esto puede hacerse de uno a uno o como un testimonio a la gracia del Señor.

Anime a la congregación a hablar con el ex-convicto a fin de hacerlo sentir bienvenido y en casa. Algunos miembros de la iglesia no saben qué decir, y puede ser que no digan nada sin la intervención del capellán. Desafortunadamente, el ex-presidiario puede interpretar el silencio como rechazo o falta de aceptación. Es importante que el ex-convicto sea usado en el ministerio y permitirle que llegue a ser parte integral de la hermandad y de la iglesia.

Voluntarios

El capellán necesitará tener contacto personal con alguien en la cárcel o prisión antes de comenzar un programa de ministerio. Llame el corregidor, o al administrador principal, si es una cárcel. Llame el capellán de personal si es una prisión. Llame primero para explicar sus deseos, entonces pida una cita personal. Cuando usted llegue a su cita traiga consigo una carta de recomendación de alguien que conoce su ministerio. La carta debería contener información breve acerca de su persona y una declaración del ministerio que usted desea proveer. También debería indicar que usted tiene el apoyo de su iglesia local.

Si usted nunca ha estado en una cárcel o prisión, asegúrese dejarle saber a la administración. Ellos quizá deseen llevarlo a tomar un recorrido por la facilidad. Discuta su deseo de participar y de traer a otros voluntarios al ministerio con usted. Asegúrese tener un plan "escrito" como una propuesta (intente únicamente lo que usted cree que puede llevar a cabo). Podrá ser que le den una lista de qué hacer y qué no hacer en la institución- si no, pida una. Cada institución tiene sus propias reglas y regulaciones. Sígalas explícitamente. En muchos casos el capellán y todos los demás voluntarios tendrán que llenar una aplicación para el servicio voluntario. Asegúrese de hacer cualquier pregunta que usted tenga.

CAPITULO 9

LA IGLESIA

Cobertura

Es muy importante para el éxito continuado de cualquier ministerio de prisión o cárcel que se identifique con su iglesia local. Las autoridades de prisión y cárcel saben el valor del envolvimiento comunitario en estos lugares. La relación de los capellanes a una iglesia local, y su apoyo, muestra que usted es responsable, bien conocido y respetado.

Cada iglesia deberá incluir el ministerio de prisión y cárcel en su presupuesto financiero de evangelismo y misiones domésticas. Los coordinadores laicos, los pastores, la presidenta de damas y el presidente de caballeros, todos ellos son personas claves a quienes se les puede pedir apoyo.

La iglesia deberá ser consciente de su responsabilidad para alcanzar a todos los presos y sus familias. Aumente su conciencia por los perdidos pidiendo oración especial por su ministerio y los encarcelados. Enseñe videos acerca de la vida en la cárcel y las prisiones y tenga invitados especiales como ex-convictos, un Alcaide, el corregidor, un juez, un abogado. Usted puede usar el boletín de la iglesia para dejarle saber a su congregación acerca de las necesidades de los familiares. Haga boletines de presentación con artículos con temas de cárceles, prisiones y presos.

Adiestramiento.

Trabajar con injuriadores no puede reducirse a una "fórmula". Mucho del trabajo se tiene que hacer con el sentido común y la dirección del Espíritu Santo. Todos los voluntarios, sin embargo, asumen ciertas responsabilidades que exigen lealtad al departamento de correcciones y el injuriador.

Las siguientes directrices deberían tomarse en cuenta con cada voluntario junto con otras instrucciones específicas dadas por la institución.

Qué Hacer

1) Estar dispuesto a ser supervisado por el capellán de personal, administradores, y funcionarios de correcciones.
2) Llegar y salir a tiempo, la seriedad es esencial.
3) Sea sincero- exprese sus sentimientos.
4) Aceptar a los presos como individuos.
5) Ofrecer respaldo alentador y amistoso, pero firme.

6) Sea respetuoso. No hay lugar para sentimientos o prejuicios de superioridad.
7) Ganar el respecto del preso. Debe estar claro que usted no puede ser "persuadido" o "manipulado".
8) Sea responsable, confiable y puntual. El tiempo del preso es valioso ya que ha sido asignado a llevar a cabo una actividad en un periodo de tiempo específico.
9) Algún tipo de hostilidad es de esperarse. No fuerce la conversación.
10) Tenga cuidado con las trampas.
11) Brinde ánimo regularmente. Esto será muy importante para los presos que vienen a Cristo mientras están en la cárcel o prisión.
12) Aprenda a escuchar.
13) Mantenga una actitud abierta al aprendizaje. Piense de usted mismo como un aprendiz que quiere saber cómo ser un buen voluntario.
14) Sea un buen ejemplo.
15) Busque ayuda cuando la necesite.

Que no Hacer

1) No critique lo que usted no comprende. Pida una explicación
2) No haga promesas que usted no puede cumplir.
3) No reaccione a la agresividad de los presos. Algunos lo probarán cuando los visite.
4) No le pregunte a un preso por qué está en la prisión.

5) No visite a la familia o amigos del preso sin su conocimiento y permiso.
6) No se identifique demasiado con el pesar del preso. Usted no puede llevar la carga de los problemas de otra persona.
7) No espere resultados instantáneos.
8) No de "respuestas oportunas" a los problemas.
9) No ponga "por abajo" al preso al hablar. Trate de comunicarse al nivel del individuo usando un lenguaje que se entienda y se identifique fácilmente.
10) No viole la confianza del preso.
11) No haga decisiones por los presos.
12) No exprese afecto físico. Algunos presos solitarios pueden mal entender sus intenciones y empujar el contacto más allá de lo que usted desea.
13) No confunda con palabras elocuentes las doctrinal teológicas. Mantenga su mensaje simple, positivo, edificativo y siempre Cristo-céntrico.
14) Termine cuando su tiempo ha culminado. Las prisiones y las cárceles operan con horarios ajustados.
15) No lleve nada a, o para afuera de la cárcel o prisión. Puede que usted tenga que ser revisado si hace esto. Verifique con los funcionarios si tiene alguna duda acerca de materiales, etc.

16) No se culpe a usted mismo si algunos presos no tienen éxito cuando salen de la cárcel y regresan a la prisión nuevamente.
17) No espere agradecimiento. Los presos pueden sentirlo pero no saben cómo expresarlo.

Grupos Pequeños

Una de las áreas donde el voluntario puede servir más efectivamente es en las reuniones de grupos pequeños. Estas reuniones pueden ser para estudios bíblicos o sesiones de charlas donde los presos y el personal comparten abiertamente su fe y sus áreas problemáticas que necesitan ajuste.

Un acercamiento interdenominacional a la reunión de estudio bíblico es muy importante. Debe recordarse que habrá personas que asistan a la reunión que no tienen ningún trasfondo religioso, y otros de diversos trasfondos religiosos. Sus creencias y dogmas pueden diferir drásticamente de los del voluntario.

Las reuniones de grupos pequeños son una experiencia muy única y una herramienta de terapia espiritual. Ofrece una oportunidad para el preso experimentar aceptación y camaradería cristiana muchas veces ausente en su vida. Este tipo de grupos pequeños deberán basarse en las necesidades del preso. Su enfado, temor, fracasos, y otros intereses son expresados en una atmósfera de confianza y aceptación. El apoyo inmediato que el preso puede recibir de tal grupo es muy útil cuando pasa por un tiempo de crisis. Las reuniones de grupos que tendrán mejores resultados serán los de experiencias espontáneas dirigidas y bendecidas por el Espíritu Santo, ya que habrá personas que no comparten su fe. Las reuniones deberán conducirse sin un énfasis denominacional en cualquier doctrina en particular aparte de la doctrina de la salvación a través de la muerte y resurrección de Jesucristo.

La oración intercesora es una parte importante del programa del grupo. Cada miembro se compromete a orar por los miembros de su grupo todos los días. A veces se ora en la oración de despedida por algunos problemas personales llevados al grupo para discusión. Algunos miembros individualmente a veces pedirán oración por alguna petición especial.

La confesión personal viene naturalmente como parte del programa de la reunión. Esto debe ser voluntario, nunca obligatorio. Ordinariamente será, y probablemente deber ser, limitado a confesiones de malas actitudes y relaciones más bien que a descripciones detalladas de pecados específicos.

En la reunión de grupos pequeños el capellán ordinariamente será el líder del grupo. El debe usar discernimiento y cuidado en decidir cuándo debe participar en el desarrollo del grupo. El capellán debe aprender a evitar cualquier tendencia de dominar, y recordar que este es un tiempo de establecer relaciones interpersonales. El lugar para predicar es en el ambiente de ministerio en la "capilla" de la prisión o cárcel.

La Tarea

La tarea del capellán es enorme. Es una de desilusiones y riesgos. Algunos presos volverán a una vida de crimen sin considerar los esfuerzos que se hicieron. Pero las gratificaciones son grandes para los que están dispuestos a involucrarse en este ministerio.

Hechos 1:8 *"Pero recibiréis poder, cuando haya venido sobre vosotros el Espíritu Santo, y me seréis testigos en Jerusalén, y en todo Judea, en Samaria, y hasta lo último de la tierra."*

Santiago 5:8 "Tened también vosotros paciencia, y afirmad vuestros corazones; porque la venida del Señor se acerca."

Filipenses 4:6,7 "Por nada estéis afanosos, sino sean conocidas vuestras peticiones delante de Dios en toda oración y ruego, con acción de gracias".

Ore por la guianza del Espíritu Santo. El Espíritu Santo y la oración son las claves del ministerio exitoso en la prisión y la cárcel. Recuerde que usted no puede cambiar a las personas, solamente el poder del Espíritu Santo puede hacerlo.

CAPITULO 10

SERVICIOS VARIADOS

¿A quién servimos?

EL ministerio de capellanía a las diversas instituciones gubernamentales, y no gubernamentales; fundaciones, asociaciones, empresas en las distintas regiones, sirve a través de los siguientes renglones: capellanía militar, hospitalaria, universitaria, deportiva, educativa, carcelaria, hospicio y empresarial, entre otras. Capellanes altamente formados en el campo de la consejería profesional y familiar, con una dimensión espiritual, y educativa orientada hacia la comunidad, a fin de servir de apoyo en el mejoramiento de su calidad de vida.

Los capellanes y capellanas, son para el fortalecimiento de las funciones y desarrollo de las instituciones y empresas en las que sirven y sus acciones en favor del bienestar integral de las personas que son atendidas. La capellanía es una profesión que data desde milenios y los registros muestran que los imperios tales como Babilonia, Persia, Grecia y Roma contaban con capellanes que se encargaban de atender las necesidades emocionales y espirituales de los emperadores, militares y demás miembros de la aristocracia. En la religión cristiana desde el siglo quinto se comienza a notar que líderes religiosos fueron apartados casi exclusivamente para servir al emperador y a los miembros de su gobierno.

Tradicionalmente dentro del cristianismo se cree que oficialmente la capellanía tiene su origen en la persona de un soldado de nombre Martín de Tour, quien nació el 316 d. c. en Panonia, una provincia Romana de ese entonces y que actualmente es parte de Hungría. Martín de joven seguía la religión politeísta, como lo aprendió de su cultura y de sus padres. Al cumplir 16 años se enlistó en las fuerzas militares romanas, donde se destacó como oficial. Se cuenta que a la edad de 21 años la tropa que él comandaba fue enviada a Amiens de Gaul, lo que hoy es Francia, y mientras estaba allí, una noche muy fría, él salió a caminar fuera del campamento y notó a un hombre mendigo quien suplicaba que le ayudaran pero en general era ignorado por los transeúntes.

Martín no tenía nada que ofrecerle a este hombre, ya que, solo tenía consigo la capa que llevaba puesta, pero sin pensarlo mucho, él se acercó al mendigo y después de romper su capa en dos, le ofreció una mitad a este hombre y él conservó el resto de ella. Esa misma noche, sigue la creencia, Martín tuvo una visión donde se le reveló que éste mendigo, en realidad era Jesucristo mismo.

Esta visión le perturbó grandemente y motivado por esa experiencia él decidió hacerse cristiano y más tarde fue bautizado. Al compartir su testimonio muchas personas aceptaron el cristianismo. Más tarde la mitad de la capa que Martín de Tour retuvo consigo, se convirtió en una reliquia y en un símbolo recordatorio del encuentro que él tuvo con el Señor Jesucristo. Esta mitad de la capa fue guardada en un baúl o cofre especial llamado Cappella o Capella. De allí viene el término capilla, que literalmente significa, el lugar donde se encuentra la capa. La persona encargada de proteger la capa era el Capellanus, que en español es Capellán.

De allí se desprende la idea de que los capellanes, están encargados de compartir y ofrecer el amor de Dios a todos aquellos que estén en necesidad. Los capellanes, hombres y mujeres que responden a un llamado del Eterno a compartir el amor, la paz, la gracia, la fe y la esperanza del Nuevo Reino. Este llamado divino es confirmado por la comunidad de fe quien les aparta o separa para este sagrado ministerio y les equipa para el cumplimiento de la misión. La seriedad, magnitud y alcance del ministerio de la capellanía llama por una preparación intensa y extensa en las ciencias religiosas, en el estudio de las relaciones humanas, en el estudio de la personalidad y conducta del ser humano y si se realiza en los Estados Unidos de América, en la moral y cívica de las diferentes culturas, esto así porque es en algunas ciudades de USA donde se unen todas las culturas. Estos hombres y mujeres aceptan el cometido de convertirse en agentes de cambio y en instrumentos de Dios en su proceso de restaurar la salud mental, física, social y espiritual de sus hijos e hijas.

Sin contradecir lo antes dicho; quiero señalar que el ministerio de capellanía en el cristianismo fue práctica de Jesús y que la iglesia primitiva le dio seguimiento, los creyentes estaban muy interesados en los presos y en los enfermos, de tal manera que el Apóstol Pablo habla del cuidado que tenían de él estando en la prisión Dice: ***Solamente Lucas está conmigo. Busca a Marcos y tráelo contigo, porque puede ser una ayuda para mí en el trabajo.***[64] **(2 Timoteo 4:11)** Claro que el nombre capellán o capellanía es algo nuevo que está ligado a la historia de Martin Tour, por su acto de servicio a un necesitado.

Yo no quiero contradecir la historia de Martin Tour, pero tampoco quiero quitar la mirada de que es una historia nacida en la Iglesia Católica Romana, quienes son especialistas sobre-dimensionando los hechos con tal de atraer a la gente a un misticismo religioso, creando y diciendo cosas que la gente ni puede probar ni negar, pero que al ser repetidas y repetidas tantas y tantas veces, la gente termina contando lo mismo, como una historia verdadera. Esto es lo que han hecho con todos los países pobres e incultos donde han llegado; a cada uno le han adjudicado una virgen, y han puesto a los nativos a contar una historia fraudulenta como una verdad. Mas no ha sido así en los países donde la gente ha tenido la capacidad de decir su propia historia. Pero esto lo dejamos para otro momento.

Usemos sin temor o complejo religioso el término capellán o capellanía y vivamos, comprometidos al servicio de la humanidad a través de la sanidad, sostenimiento, consejería y reconciliación, prestando servicios como representantes de Dios en instituciones tales como las fuerzas militares, los centros de la enseñanza, las prisiones, los hospitales, los hospicios, las industrias, los equipos deportivos y las demás instituciones.

Del recuerdo de la capa compartida viene la palabra "capellán". Un capellán es una persona que ha aceptado el llamamiento del Señor Jesucristo de servir a la humanidad en el espíritu expresado por (Lucas 4:18 -19) que dice: **"El Espíritu del Señor está sobre mí, Por cuanto me ha ungido para dar buenas nuevas a los pobres; Me ha enviado a sanar a los quebrantados de corazón; A pregonar libertad a los cautivos, Y vista a los ciegos; A poner en libertad a los oprimidos; A predicar el año agradable del Señor."**

Las funciones del capellán son varias dependiendo de las necesidades que las personas presentan y las instituciones en que trabaja. Pero siempre es un representante de Dios, un pastor y guía espiritual, "y un consejero". Como "representante de Dios," lleva ante el Señor las necesidades de su pueblo.

El capellán es atento a oír las penas y temores de la gente: comparte sus alegrías y esperanzas y los levanta después de los fracasos. Por su interés personal, su disposición de compartir con la gente en lo bueno y en lo malo, y por el socorro que les da, la gente siente el amor de Dios. Como "pastor espiritual," él le recuerda a la gente que solamente hay vida en Jesucristo y que nuestra vida solamente tiene sentido en él.

El capellán le recuerda a la gente de la importancia de seguir los principios de vida establecidos por Dios, esto no significa que solo se trabaja a favor de los creyentes. Su presencia bendice a la gente y les da fortaleza a seguir adelante un día a la vez, manteniendo la vista en Cristo. Como "consejero cristiano," el capellán ayuda a la gente utilizar sus recursos espirituales, y de tomar decisiones de acuerdo con la voluntad de Dios. Oye a la gente y les comparte sabiduría. Les da calma espiritual y tranquilidad mental para que puedan salir de sus problemas.

Dentro del ambiente de ministerio de la capellanía hay cuatro categorías distintas:

1 - El capellán voluntario,
2 - El capellán a tiempo parcial,
3 - El capellán/oficial, y
4 - El capellán a tiempo completo. Las categorías en sí mismas no son tan importantes como las responsabilidades que se relacionan con cada categoría.

Como se ha sugerido, es de vital importancia que el capellán tenga el mayor conocimiento posible a fin de ser totalmente efectivo en el ministerio fuera de las cuatro paredes de la iglesia.

Aplicación de la ley

El capellán voluntario o de servicio comunitario de aplicación de la ley es uno que le sirve a una agencia policíaca además de otro empleo a tiempo completo. Este capellán puede ser un pastor, un pastor asociado u otra persona capacitada en el ministerio. Aunque sea un voluntario él/ella será responsable al enlace designado por la agencia de policía donde él o ella sirvan.

Se recomienda que el capellán de Aplicación de la Ley sea entrenado y endosado por la denominación donde se emiten sus credenciales, o por otra organización de reputación. Aunque sea un voluntario, el capellán debe mantener las mismas normas éticas y profesionales que un capellán a sueldo. El capellán debe hacer lo posible por mantenerse accesible a la agencia y no usar como excusa el hecho de servir simplemente como voluntario. Si no lo hace degrada la posición y muestra falta de interés.

Tiempo parcial

El capellán a tiempo parcial servirá, como su título lo indica, en una posición con sueldo parcial. Una agencia puede ver la necesidad, o aun se le puede requerir que tenga a este capellán responsable al enlace, y por lo tanto considerar que es mejor poner al capellán un estipendio o mesada o alguna otra forma de recompensa financiera. El capellán a tiempo parcial tendrá el difícil desafío de tener dos trabajos.

Si el capellán está pastoreando o sirviendo en alguna capacidad ministerial, él o ella tendrán la responsabilidad de la iglesia así como también las demandas de la agencia. El capellán a tiempo parcial puede encontrar conflicto en estas dos funciones. Se necesita un buen administrador y organizador para servir bien en esta capacidad.

Capellán/oficial.

El capellán/oficial es una posición que es desempeñada por un oficial de paz juramentado quien ha recibido un llamado a tomar una posición de ministerio. Esto difiere mucho del capellán a tiempo parcial en que este oficial es primordialmente un agente de policía que trabaja a tiempo completo y que también tiene la responsabilidad de parte de la agencia de pastorear a sus compañeros de trabajo. La persona en esta posición es considerada por la agencia como un oficial de enlace con la iglesia en la comunidad.

El capellán a tiempo completo

El capellán a tiempo completo es una posición ocupada por muy pocos oficiales de la ley. Hay normalmente tres maneras específicas para llegar a esta posición:

1. Una agencia eclesiástica como una iglesia, o una organización relacionada con una iglesia patrocina a una persona del ministerio para tomar esta posición. Normalmente estas son agencias visionarias y de mucho conocimiento. Ellos verán los beneficios
2. tanto a la agencia como a la comunidad, y patrocinará esta posición con la esperanza de obtener algún tipo de ganancia monetaria.

3. La agencia en si misma ve la necesidad de tener la dirección espiritual y consejería de parte de alguien que es consciente de las peculiaridades de la ocupación. Frecuentemente esto depende del conocimiento espiritual de la administración de la agencia y también de las responsabilidades financieras. El capellán a tiempo completo normalmente debe servir a la agencia en la misma manera que los funcionarios juramentados lo hacen. El razonamiento detrás de esto es que el capellán pasará mucho tiempo en las escenas de crimen y frecuentemente en medio de situaciones amenazadoras. Cualquier capellán que ejerce esta posición debe esperar cualquier otra cosa aparte de un ambiente de trabajo santificado y sano.

4. El capellán puede ser contratado con frecuencia como un coordinador de adiestramiento o como un empleado asistente. Él o ella será responsable de cumplir un sin número de deberes necesarios, entre los cuales están las responsabilidades de capellanía. Mientras que este capellán está, desde luego, trabajando para una agencia a tiempo completo, él o ella correrá el riesgo de encontrarse "empantanado" con un sin fin de ocupaciones menores de consumo de tiempo.

El capellán que se contrata como coordinador de servicios también tendrá que lidiar con la suposición de parte del personal de que él o ella no son nada más que un consejero y en casos de abuso el capellán actuara como tal. Sin considerar los auspicios bajo los cuales el capellán sirve, siempre viene a ser la responsabilidad del capellán proyectar la imagen que representa mejor el ministerio de capellanía.

Ministrar adecuadamente

Los agentes de policía caen en la categoría de Personas de Servicios de Emergencia. Para ministrar exitosa y adecuadamente al funcionario de la ley, el capellán debería tener una idea relativamente clara de lo que "estimula" a un agente de policía. Si el capellán es inconsciente de los estímulos que motivan a un agente, va a ser muy difícil responder a sus necesidades en el trabajo, fuera del trabajo o en sus hogares.

A continuación se da una lista de factores con los cuales el capellán de la ley debería familiarizarse. Estos factores son características generales de los funcionarios de la ley. Cada funcionario, o agente será diferente, sin embargo, la mayoría de los agentes poseerán gran parte de estas características. Aunque esta lista seguramente no es exhaustiva, le dará al capellán una ventaja que él/ella no podría normalmente tener sin esta comprensión.

Controlador.

Hay muchas cosas que motivan a un agente de policía para hacer las cosas que él o ella hace, y entre ellas están los asuntos de apremio y control. Mientras estas características no son frecuentemente catalogadas de manera positiva, se debe reconocer que estas son fuerzas impulsoras. Los funcionarios de la ley generalmente quieren hacer las cosas "bien", y no están satisfechos hasta que las cosas se hacen correctamente.

Cuando se trabaja en un ambiente donde estas características son destacadas entre la mayoría de los empleados, la posibilidad de las expresiones y erupciones explosivas de descontento se experimentarán regularmente. Mientras el agente de policía se regirá y será "disciplinado" por regulaciones departamentales y políticas de la agencia, Es en el hogar donde los funcionarios se encontrarán más desafiados a ser comprensivos y tolerantes. Desafortunadamente esto no siempre sucede y el problema afecta al capellán, a la agencia y a su familia.

Acción

Ya que los agentes de policía son, por lo general, "orientados a la acción", ellos pueden ser percibidos por el público y por miembros de sus familias como cerrados de mente y egoístas. La naturaleza misma del funcionario es "proteger y servir". Ellos sienten que esto no se puede lograr si están involucrados mentalmente en lo que sucede. El capellán notará que muchos funcionarios son el tipo de individuos "acelerados", de tal manera que aun en su tiempo libre demandan hacer algo excitante. Las familias no siempre están contentas con este estilo de vida. Como consecuencia, los familiares sienten que su oficial no está interesado en ellos, o peor aún, que está más interesado en otra gente.

Dedicado.

Obviamente, el riesgo viene con el paquete de ser un funcionario de la ley. Con este riesgo y la dedicación vienen varios asuntos que confunden al agente de policía. Es muy difícil para ellos comprender y aceptar la crítica en relación con su trabajo. No pueden comprender por qué otros no ven el peligro en que ellos se encuentran en beneficio de la misma gente que los critica. Otro problema viene directamente de la familia.

Los cónyuges y los hijos preguntarán por qué el funcionario toma ciertos riesgos. La familia puede hasta enojarse con él/ella cuando él o ella toman riesgos. Este coraje surge de su amor y su necesidad de seguridad. El funcionario muchas veces interpreta esto como egoísmo de parte de su familia y resentimiento hacia su trabajo.

Necesidad de ser necesitado.

La necesidad ser indispensable es una característica muy común entre los funcionarios de la ley. La satisfacción de un trabajo "bien hecho" es importante para todos. Pero sin embargo, es un imperativo para el funcionario de la ley. Esta "necesidad de ser indispensable" no siempre se encuentra en la familia de los funcionarios. Obviamente, si así fuera, el funcionario estaría mucho más feliz. Esta "necesidad de ser indispensable" es una fuerza motivadora que puede interrumpir los procesos normales de pensamiento asociados con la moral y la ética. Cuando esta necesidad se lleva al extremo, puede terminar en el desastre para el funcionario, muchas veces como resultado de relaciones malsanas que surgen del servicio honrado ofrecido por el funcionario.

Decir "no".

Una de las más grandes fuentes de tensión y frustración es la incapacidad de una persona de decir "no". Los agentes de policía no son menos culpables. El problema con este fenómeno es que el funcionario rara vez tiene la dificultad de decir no cuando tiene que ver con asuntos dentro del hogar. El problema se intensifica con los casos oficiales en su trabajo y su necesidad de ser necesitado por otros. Se hacen compromisos para casos especiales, sobre tiempo, actividades clandestinas y un sin fin de otros asuntos relacionados con el trabajo.

Agotamiento.

Este cansancio se manifestará así mismo en una variedad de síntomas. Dios nos ha llamado y por su misericordia hoy estamos en el liderazgo, pero no siempre hay que complacer a todos. John C. Maxwel dice:

> *"Los buenos líderes de equipo no quieren hombres o mujeres que digan sí a todo. Buscan una comunicación sincera y directa de su gente. Incluso el autocrático magnate del cine Goldwyn bromeó: «Quiero que mi gente diga lo que piensa y sea sincera, aunque esto les cueste el empleo». Siempre he animado a las personas de mi equipo a hablar franca y directamente conmigo. En nuestras reuniones a menudo nos devanamos*

los sesos hasta que gana la mejor idea. Con frecuencia los comentarios y observaciones de uno de los miembros de un equipo ayudan realmente al grupo. A veces no estamos de acuerdo. Eso está bien porque hemos desarrollado relaciones lo suficientemente firmes como para sobrevivir a los conflictos. Presentar toda proposición siempre mejora al equipo. Lo único que no quiero escuchar de un compañero es: !!Te pude haber dicho que eso no resultaría!!. Si usted lo sabe de antemano, es el momento de decirlo".[65]

El funcionario estará sujeto a un síndrome de "ellos y nosotros", indignación hacia la familia a causa de las demandas que ellos hagan sobre su tiempo, la inquietud y ataques de pánico y depresión. La razón detrás de esta dificultad surge de la percepción equivocada que si uno dice "no", él o ella no será apreciada, o que él o ella no serán llamados nuevamente para ofrecer ayuda.

Personalidad de rescate.

El agente de policía generalmente desea estar en lo "grueso" de las cosas. Esto no es siempre porque ellos disfrutan una buena pelea o desean presumir su poder y autoridad. Es más bien un deseo genuino por ayudar y rescatar a aquellos que no pueden ayudarse a sí mismos en un tiempo particular de su vida. Hay sin embargo una línea fina entre el "Salvador" y "el Complejo Mesiánico". Una vez esta línea se cruza, el funcionario tenderá a sentirse un fracaso si no puede suplir la necesidad de la persona que pide ayuda.

Con esta característica también viene el dilema de no querer abandonar la tarea hasta que se termine. Esto no es siempre posible. Los funcionarios de la ley con frecuencia se encuentran en actividades que toman mucho tiempo (Ej.: las situaciones de rehenes, desastres naturales, incidencias masivas de daños físicos y otras situaciones parecidas que requieren a un gran número de funcionarios y un período largo de tiempo). Los funcionarios se agotan rápidamente y entonces son enviados a su hogar al final de su turno. Esta combinación de agotamiento y recibir una orden que no desean oír, frecuentemente resulta en una situación volátil.

La familia.

Los agentes de policía son los primeros en hablar de la unidad de la familia. Ellos creen que la unidad de la familia es vital a la comunidad y a la nación. Obviamente esta no puede romperse en sí misma. Desafortunadamente los agentes de policía están estadísticamente entre los que más frecuentemente se divorcian. La mayoría de los agentes de policía volverán a casarse después del divorcio y muchos volverán a casarse casi inmediatamente después del divorcio. Hay muchas definiciones para la familia pero en general se puede decir que es una estructura social básica donde los miembros de la familia se relacionan a diferentes niveles, afectivo, económico....

En realidad se puede decir que es un sistema, ya que cuando algo afecta a un miembro de la familia, afecta directa o indirectamente a los demás. A pesar de las modas, del tipo de vida que llevemos y de nuestras ideas personales sobre la familia, lo que debemos tener claro es que, nos guste o no, hay algo dentro de cada uno de nosotros que nos une íntimamente con nuestra familia. Aún estando muy enfadados con algún miembro de nuestra familia.

Hay un sentimiento que no nos deja descansar hasta que todo vuelve a su cauce. Puede parecer que tu vida es genial sin tu familia, pero nunca has dejado de pensar en ellos desde tu enfado, los has echado de menos, te vienen a la memoria momentos divertidos que has vivido con alguno de ellos, desde luego que parece que el cordón umbilical nunca se cortó del todo, es lo que se conoce como lazos de familia. Estos lazos que no se aprecian visiblemente, son los que nos unen a todos los miembros de la familia.

Este "vínculo" familiar es vital a su personalidad, y aun así es casi siempre una aseveración verbal de la familia más bien que una realidad. El capellán es aconsejado bien para que recuerde que la misma cosa que hace al agente de policía bueno en lo que él o ella hace, es la misma cosa que lo hace un fracaso en el matrimonio y la familia. Mis superiores me exigen mayor calidad en mis proyectos, cada día hay que resolver los problemas en forma más óptima, reducir los costos, ser más eficiente y arriesgar más por el mismo sueldo.

La política genera menos garantías para los implicados, y los ciudadanos viven en asecho para demandar, la presión es múltiple y además una decisión directiva puede poner a muchas personas en la calle de la noche a la mañana independientemente de su capacidad profesional y de su hoja de servicio.

Cuando uno toma conciencia de la realidad laboral de un agente de la ley, aunada al hecho de que uno no está sólo, porque existe la familia que se puede uno llevar al abismo. Entonces la angustia se hace más grande.

El interés en el trabajo disminuye, flaquea la eficiencia y entra uno en un periodo de poca productividad poniendo aún más en riesgo la seguridad física y económica de uno y de los dependientes. Pues después de invertir toda una vida en una institución, te das cuenta que no eres importante y que no les importa si tú vives o mueres. El capellán es desafiado a reflexionar sobre este tema porque esto se adapta también a la personalidad de la mayoría de la gente del clero.

Motivaciones internas.

Sin tomar en cuenta el poder y la autoridad que representa un agente de policía, generalmente tiene motivaciones internas para continuar haciendo su trabajo y para hacerlo efectivamente. Es obvio que los agentes de policía no son bien pagados. Los beneficios del gobierno tampoco son abundantes. Aun así hombres y mujeres continúan tomando riesgos, trabajando largas horas, sufriendo ridiculeces de la prensa y el público, y haciendo un trabajo que no siempre es agradecido. Por esta razón el capellán debe comprender que el oficial tiene motivaciones internas y no solo externas.

Muchos de los problemas que nos agobian son producto de nuestros propios comportamientos, emociones y reacciones. Es fácil echarle la culpa a los demás de lo que nos sucede.

En lugar de culpar a nuestra pareja, al gobierno o la sociedad debemos analizarnos nosotros mismos y entender cuáles son los mensajes que transmitimos, los que recibimos y como los interpretamos. Al no conocernos nos dejamos llevar por los comportamientos de los demás. El análisis interior nos hará despertar de nuestro sueño y nos permitirá caminar sobre nuestros propios pies. No depender de otros que quizá tampoco pueden ver su realidad.

El motivo puede ser el prestigio, la "emoción", o simplemente poder llevar un revolver. La realidad del asunto es este; cuando se les pregunta por qué lo hacen, la mayoría de ellos responden que "quieren hacer la diferencia" en su comunidad. El agente de policía tiene la oportunidad de hacer de algo "malo" algo bueno. Ellos tienen la oportunidad de contribuir de una manera que no todos pueden hacer. Un agente de policía realmente tiene un corazón pastoral, pues dedica toda su vida a servir en las emergencias de otros.

Tolerancia.

El estrés es parte rutinaria de la vida diaria del funcionario. Los agentes de policía, así como otras personas que ofrecen servicios de emergencia, tienen un alto grado de tolerancia para la tensión. El capellán no debe malinterpretar esto. No porque el funcionario tiene un alto grado de tolerancia significa que él o ella son inmunes o que puede tolerar la tensión fuera de su trabajo. Este alto grado de tolerancia está relacionado con su trabajo. Hay muchos funcionarios que se llevan el trabajo con ellos al hogar. Al hacer esto están sujetos a "ventilar" su tensión sobre sus familiares. Una carrera de policía es una opción desafiadora y a veces peligrosa. Los departamentos de policía son parte de los gobiernos de la ciudad. La responsabilidad principal del policía es guardar orden.

Al asistir a la escuela para una carrera del policía, hay muchos cursos que deben ser tomados. El entrenamiento apropiado es esencial para sobrevivir. Un oficial de policía debe mantener la ley y el orden y preservar su integridad física, haciendo cumplir las leyes. El oficial es además un miembro de la comunidad, esto implica al oficial que camina las calles de su sector, guardando la paz y arrestando a los que rompen la ley.

Un oficial de policía responde a las llamadas para ayudar en casos de necesidad de atención, investigan crímenes, interrogan a criminales potenciales, y se requiere guardar las notas detalladas que asistirán al procesamiento de los criminales que se han arrestado.

Un oficial de policía debe poder responder a cualquier tipo de llamada de crisis.

Un policía también es entrenado sobre qué hacer en caso de desastres naturales o de ataques terrorista. Se le enseña el protocolo para cada situación. Pero también cuando las emergencias se presentan en diversos estados, transporten al policía de otros estados a ayudar con las agencias locales. En estos casos el capellán debe seguir los pasos del agente. Además, cuando la característica del funcionario es tener un alto grado de tolerancia, el capellán debe recomendarle que haga ejercicio, que mantenga una dieta moderada y que haga lo necesario para descargar su tensión.

Finalmente, los agentes de policía tienen un alto grado de tolerancia para la ansiedad. Un funcionario es entrenado para tratar al público con una actitud de firmeza. Él o ella aprenden a mantener el control de la situación. Porque si ellos alguna vez pierden el control, alguien puede estar en peligro de ser afectado. Por causa de este adiestramiento, cuando un funcionario experimenta una leve ansiedad, aprende a mantenerse en control a toda costa. Ellos aprenden a tolerar ciertas cosas que otros no serían capaces de tolerar. Aquí es donde el axioma del control de tensión viene a tener significado.

El funcionario será capaz de mantenerse solamente por un período de tiempo sin tener que pagar un costo fisiológico. El costo fisiológico se manifestará en algunos síntomas que afectarán las emociones, el comportamiento, la mente y el cuerpo. Dicho de manera simple; el funcionario puede enfermarse.

Armado con el conocimiento de la lista de arriba, el capellán tiene la información necesaria para tratar más adecuadamente las necesidades de la Persona que da servicios de emergencia. Cualquier cambio de genio que esta persona experimente puede tratarse en base a las "características" mencionadas arriba. Estas características son generalmente normales en todas las agencias de servicios de emergencia. Cuando el capellán es consciente del motivo que está detrás de la acción, él o ella pueden empezar el proceso de prevención o manejo, cuando trate con un empleado que está sufriendo con un problema personal, emocional, fisiológico, espiritual, o sicológico.

Es importante comunicar al empleado que las cosas que hace bien en todo lo que realiza ocupacionalmente, pueden ser las cosas que se convierten en destructivas para la familia y las relaciones. Debido a tantos factores que están envueltos en la lista de "características," el empleado encontrará que tiene una enorme carga que llevar y también tiene una tremenda responsabilidad con la cual tiene que vivir. Esto crea una cantidad desordenada de estrés que podrá manifestarse en el hogar, en el trabajo, y en tiempos de recreación y placer.

Separando el mito del hecho acerca del personal de servicios de emergencia. El capellán tiene que relacionarse con el personal de servicios de emergencia con el entendimiento inmediato de la diferencia entre hecho y mito. Aunque es verdad que el personal de servicios de emergencia es más fuerte y menos propenso a demostraciones o arranques emocionales. (Muchos lo ven como un "mito").

Las personas de servicios de emergencia sufren de una condición que se manifiesta en diferentes formas; policía, fuego, rescate, ambulancia, y técnicos de emergencia médica. A pesar de su habilidad de parecer que se mantienen firmes y calmados durante eventos extremadamente estresantes y críticos, él o/ellas están sin embargo sujetos a todos los problemas y síntomas de estrés como cualquier otro empleado en cualquier otro contexto.

Lo que parece separarlos de otros es un código "secreto" que descubre la verdad acerca del empleado. El "código" dice que un policía no llora, un bombero no siente miedo, o que a un técnico de emergencia médica no le importa mirar la sangre... y la lista continúa. La verdad es, muchas de estas personas de servicios de emergencia dedican mucho tiempo tratando de vivir a la luz de estos mensajes, resultando en diferentes tipos de aflicciones.

CAPITULO 11

PROBLEMAS DE SOLEDAD

Infelicidad.

La soledad es un camino seguro hacia la infelicidad.

Recientes investigaciones han llegado a la conclusión de que la soledad es una de las principales causas de infelicidad y aunque no constituye un trastorno en si misma va normalmente asociada a sentimientos de descontento, frustración y ansiedad que con cierta frecuencia desembocan en depresión.

Existen algunas condiciones de vida que han propiciado el sentimiento de soledad:

~Los cambios de domicilio que implican el corte de lazos

~Familiares y de amigos,

~El tipo de relaciones que se establecen en la gran ciudad
(formales, frías y poco íntimas),
~Las escasas relaciones con la familia amplia (solo con la nuclear),
~El incremento de separaciones y divorcios,
~El incremento de valores individualistas,
~La búsqueda del éxito personal y la competitividad acentuada conllevan al aumento de la soledad.

Es cierto que la soledad puede ser preferible a una mala compañía, pero generalmente trae tristeza y depresión, salvo que sea una soledad deseada esta puede convertirse en una fuente de inspiración positiva, como ha ocurrido con algunos escritores, artistas, poetas científicos y de forma muy especial con algunos hombres de oración.

La soledad puede posibilitar un carácter reflexivo, profundo y rico, que desarrollemos más nuestro mundo interior por encima de los vaivenes de la vida, pero solo será así cuando esta es deseada, elegida y aceptada. Generalmente no es así, hay una soledad amarga que hemos de soportar a la fuerza por limitaciones de nuestro carácter o por frustraciones que nos trae la vida, como la separación, el divorcio o la viudez.

A veces va acompañada de diversas adicciones como compañeras de viaje de toda la sintomatología anterior. ¿Quienes se sienten más solos? Existe la creencia que el sentimiento de soledad aumenta con la edad.

La relación de pareja:

¿Existe relación entre estar casado y sentirse solo o con necesidad de intimidad? Un estudio realizado con adultos alemanes concluyó que las personas solteras y sin pareja tenían más probabilidad de que se sintieran solas. Otros trabajos han demostrado que las mujeres que tenían una relación íntima y auténtica con su pareja, el 70 por ciento carecían de trastornos afectivos, mientras que quienes no poseían esta relación disminuía en un 40 por ciento.

Se ha observado que aunque hombres y mujeres experimentan la soledad con la misma frecuencia, las mujeres suelen reconocer más que los hombres sus sentimientos. Quizá esta diferencia de manera de reaccionar se debe a que un hombre solo es menos aceptable socialmente, que una mujer sola. A ello también contribuyen los estereotipos sexuales que presentan a la mujer como más capaz de expresar sus sentimientos y al hombre como más ajeno a las reacciones de debilidad.

El solitario

Cuando la soledad arraiga en nuestra personalidad puede convertirse en una cárcel psicológica que conlleva a un proceso que puede resumirse en cuatro etapas que forman una cadena cuyo final implica el reinicio del proceso.

1. - Creencias negativas hacia sí mismo. A causa de sus fracasos pasados las personas solitarias se ven negativamente a si mismas y están convencidas de que fracasarán al tratar

con los demás. Tienen poca autoestima, se rebajan a sí mismos, se sienten incapaces de relacionarse. Creen que su timidez es invencible y no pueden luchar contra ella. Así el solitario crónico se deja arrastrar por pensamientos negativos de si mismo y de los demás. Esto tiende a funcionar por profecías autocumplidoras. Quien cree que va a fracasar acaba fracasando por su falta de confianza.

2. - Conducta con poca habilidad social. El solitario tiene poca habilidad social, le resulta difícil desplegar actividades sociales, participar en grupos, no sabe ser agradable, demostrar que disfruta de la compañía de los otros, tratarlos cordialmente ... Suele comportarse de forma menos agradable cuando está en público, se siente inseguro de sí mismo, ansioso, generalmente es poco inclinado a revelar su intimidad y cuando la descubre se comporta de forma inapropiada, demasiado íntimo con los de su mismo sexo y superficial con el sexo opuesto tendiendo a refugiarse en la ironía al tratar con los demás.

3. - Rechazo de los otros. La mala imagen del solitario, la forma de tratar a los demás no son una buena tarjeta de presentación. Con su forma de actuar ahuyenta a los que podrían haber llegado a ser amigos suyos y contribuye a que los demás no le miren bien.

4.- Retirada a la soledad. Solo el repliegue en su concha permite un mínimo de seguridad a la persona que se siente rechazada por los demás. La soledad tiende a consolidarse con el tiempo y estas personas están convencidas de que su situación no va a cambiar. La depresión e infelicidad que acompañan al aislamiento refuerzan las creencias negativas hacia sí mismo y reinician el proceso circular en una situación que se realimenta a sí misma. Es importante darse cuenta del proceso para poder iniciar el cambio e iniciar el proceso hacia la aceptación de uno mismo, de los demás y conseguir la felicidad.

La timidez

El miedo a no dar la talla puede combatirse. Un rubor que invade las mejillas, el sudor frío en las manos y la frente, los latidos que se aceleran, un nudo en la garganta, las mandíbulas apretadas, los molestos gases en el aparato digestivo, temblores, algunos tics y un sin número de síntomas difícilmente controlables, invaden con frecuencia a los tímidos más problemáticos cuando se encuentran ante otras personas. Es, en realidad, un conjunto encadenado de manifestaciones psicosomáticas que el tímido trata de esconder. Y, ante el evidente fracaso de su propósito, las cosas empeoran aún más. Si no sabe ubicarse y actuar en una reunión de amigos o de trabajo, por ejemplo, en un principio se ruborizará. Pero esto no es lo peor: al darse cuenta de que llama la atención, el rubor aumentará; si, además, alguien le hace la observación de que se está poniendo colorado, terminará por vivir el encuentro casi como una tragedia.

Contacto social.

Por eso, hay muchas y variadas situaciones en las que el tímido puede sufrir con el contacto humano: encontrarse a solas con alguien en el ascensor, hacer una pregunta en público, efectuar una reclamación en un restaurante, devolver una prenda en la boutique, iniciar una relación de pareja... Ahora bien, ciertos niveles de timidez pueden incluso resultar atractivos porque despiertan en los demás sentimientos de ternura, ante la manifiesta debilidad y necesidad de protección que emana del tímido. Por eso, algunos tímidos resultan tan interesantes para ciertas mujeres, que ven en ellos personas a mimar y proteger, y una estupenda ocasión de manifestar su instinto maternal. Sin embargo, en la mayoría de las ocasiones la timidez se convierte en una tortura, un problema patológico que impide al individuo relacionarse con normalidad. ¿Cuándo se puede decir que la timidez adquiere el grado de "preocupante"?

Signos preocupantes.

¿Cuándo se puede considerar la timidez patológica y requiere, por tanto, que se actúe decididamente sobre ella? La señal de alarma es el sufrimiento: cuando ese temor al contacto con los demás produce angustia, desestabiliza y perjudica a la persona en sus relaciones laborales, de amigos y familiares, hay que intervenir: el bienestar emocional y, en general, la calidad de vida, se resienten demasiado. Ser tímido, aclarémoslo, no es lo mismo que ser introvertido. La persona introvertida es reservada y vive, predominantemente, hacia dentro de sí misma.

Prefiere expresarse con parquedad. Pero puede, perfectamente, no ser tímida. Algunos introvertidos lo son porque eligen disfrutar de su mundo interior y no salir mucho de sí mismos. Incluso pueden ser excelentes comunicadores. Y también hay tímidos que hacen esfuerzos titánicos por superarse y se han convertido en personas que aparentemente se relacionan muy bien.

El tímido es, normalmente, una persona muy emotiva que tiene miedo de actuar mal y por eso evita el contacto con los demás. No se fía mucho de sí mismo ni de los demás. Algunos tímidos que aceptan su timidez como un componente de su personalidad logran sobreponerse, pero en otros casos su carácter les causa un severo sufrimiento. Muchos de ellos no han podido soportar la angustia del aislamiento progresivo al que ellos mismos se han condenado y al que irremediablemente le empuja una sociedad que no se anda con muchas contemplaciones con los aparentemente más débiles. ¿Y cómo reaccionan para sobrevivir? En algunos casos, con conductas compensatorias:

Agresividad, Despotismo, Frivolidad.

Intentando llamar la atención de los demás mediante el chiste fácil o el falso liderazgo.

Son mecanismos de defensa interesantes de conocer, porque funcionan como una máscara que oculta a los tímidos y los hace difíciles de reconocer.

Algunos tímidos.

Negación de la realidad: se protegen a sí mismos de la realidad desagradable y adoptan actitudes escapistas como enfermar.

Fantasía: satisfacción de los deseos frustrados mediante realizaciones imaginarias.

Proyección: culpan de sus dificultades a otras personas.

Represión: evitan que los pensamientos peligrosos o dolorosos entren en la conciencia.

Desplazamiento: descargan los sentimientos acumulados sobre personas que perciben como más débiles que ellos.

Aislamiento emocional: retirada hacia la pasividad, para protegerse del daño.

Regresión: se posicionan en un grado de desarrollo personal más elemental, que comprende respuestas menos maduras.

Simpatía: tratan de ganarse el afecto de los demás para fortificar los sentimientos de la propia valía, a pesar de los fracasos.

Tímidos con éxito.

Cuando la timidez no es grave puede convertirse incluso en un elemento al que sacar rendimiento. La prudencia característica de los tímidos les ayuda a controlar mejor los impulsos indeseables y les facilita una mejor aceptación social que las personas que no actúan con tanto cálculo. Por otra parte, los tímidos son, con frecuencia, introvertidos y aprovechan esa facilidad para profundizar en la creatividad interior, estimulando la imaginación y la fantasía.

Por esa razón, entre los tímidos se encuentran grandes artistas, pensadores y escritores. Fueron y son conocidos por su gran timidez James Dean, Woody Allen, Montesquieu, Rousseau, Stendhal y Proust. Por otro lado, aunque en el ámbito laboral se valora mucho la capacidad de comunicación, también en ese terreno pueden aprovecharse las ventajas de la timidez. Algunos tímidos han encontrado en el trabajo su refugio y muestran tendencia a ser perfeccionistas y abordar con eficacia las tareas que requieren mayor concentración y esmero.

Algunos autores de corte organicista barajan la posibilidad de que las manifestaciones psicosomáticas propias de la timidez tienen su origen en el desarrollo de glándulas de secreción interna, como la hipófisis o las suprarrenales. Incluso hablan de la timidez como una característica hereditaria. Por su parte, los psicoanalistas afirman que la timidez no es más que la punta del iceberg de un problema oculto, y mucho más profundo. Debido a la represión de los instintos -principalmente, los sexuales-, a la imposibilidad de ponerlos en práctica, surgirían, según esta tesis, una serie de fantasías en las que el tímido se percibe interiormente deseando realizar ambiciones y deseos que al final no ejecuta. Esta represión se terminaría corporalizando y se convierte en la rica sintomatología psicosomática del tímido (rubor, sudor, temblores) que se ha descrito al comienzo de este artículo.

Para los psicólogos conductistas (otra corriente, además de las dos descritas), la timidez no se hereda, se aprende desde niño por la influencia de modelos parentales o por determinadas actitudes de quienes intervienen en el proceso educativo. Las experiencias infantiles, según estas teorías, devendrían decisivas en la aparición de la timidez: niños que no han sido suficientemente valorados o se han visto ignorados, o se han sentido menos apreciados por sus educadores cuando han conseguido logros, o que han sufrido experiencias de malos tratos o han padecido alguna experiencia de abusos sexuales.

Una etapa importante para la aparición de la timidez es la adolescencia, esa época en que el niño-hombre o la niña-mujer experimentan sensaciones desconocidas y no saben manejarlas en sociedad o ante el otro sexo, lo que produce ese bloqueo de inhibición o timidez. Y, como se ha dicho, la comprobación del propio bloqueo desencadena aún más temor al contacto social. En cualquier caso, parece que en la aparición de la timidez influye mucho la historia personal; es más aprendida que congénita.

Superar la timidez Tímidos con éxito.

Martha Davis y otros autores en su libro "Técnicas de autocontrol emocional" (Ed. Martínez Roca), apuntan algunos pasos para reforzar la personalidad de las personas tímidas: Detención del pensamiento. Concentrarse en los pensamientos no deseados que nos asaltan y, después de un corto período de tiempo, detener y vaciar la mente. Se debe estar atento a la aparición de estos pensamientos, identificarlos y pararlos enérgicamente.

Ideas irracionales.

Suscitando pensamientos racionales como "no me afecta", "todo ser humano se equivoca", "una discusión es cosa de dos", "nos sentimos en función de cómo pensamos", o "

Desarrollo de técnicas de afrontamiento del miedo. Utilizando técnicas de relajación que apoyen las decisiones que nos conducen a soportar situaciones difíciles. qué es lo peor que me puede ocurrir.

Entrenamiento asertivo. Mostramos una conducta asertiva cuando defendemos nuestros propios intereses, y expresamos nuestras opiniones libremente pero sin herir la susceptibilidad de los demás.".

Otro autor, Weimberg, afirma que la timidez es un hábito que se fortalece si no se actúa contra él. Lo mejor es afrontarla de frente, no huir. Aguantar la presión de las miradas, quedarse en el grupo. Mirar a los ojos del interlocutor, cada vez un poco más fijamente. "No se trata de hallar valor para hablar, sino de hablar para hallar valor". Hemos de hacer inventario de nuestros propios valores para ir tomando conciencia íntima de nuestras cualidades. Y para valorarlas en su justa medida.

De este modo, la Pastoral Penitenciaria colabora con sus recursos dando Servicios Sociales, formación laboral y capacitación profesional, etc.

Muerte social.

Con frecuencia, los servidores Pastoral Penitencia rio atienden a personas que viven en libertad con una sensación intima de «muerte social»: marcadas por la cárcel, se sienten « selladas» por los antecedentes policiales y penales.

Saben que la sociedad desconfía de ellas; que los puestos de trabajo les serán en muchos casos sistemáticamente negados; que por falta de trabajo no dispondrán de medios económicos suficientes para sustentar a su familia ni a sí mismas; que sin aval o garantía suficiente no podrán ni siquiera alquilar un lugar para vivir, por modesto que sea...

Son hombres y mujeres que, injusta y desgraciadamente, terminan por sentirse *muertos vivientes* que deambulan por las calles de nuestra sociedad.

Cuando la libertad da miedo.

Describía una mujer presa en estos términos: Si estoy aquí, mucha gente dirá que una santa no soy, y yo tampoco les quitare la razón. Pues llega un momento, desde que estoy aquí dentro, en que, aunque no te lo merezcas, llegas a creerte que sí, que tienes que estar y que tienes que luchar para que no te vuelva a pasar más, cuando cumplas tú condena y salgas en libertad. Yo tengo aquí dentro unas "más conocidas", a las que tampoco puedo llamar "amigas"... Me comentan que cuando llegue ese día de libertad, por el que tanto suspiran y tanto deseamos, les da miedo.

Miedo a la sociedad, miedo al rechazo de la gente, miedo a no saber adaptarse después de tanto tiempo aquí... Dicen que aquí las encerraron en su día, con o sin razón, pero que aquí están. Y cuando les llegue la libertad, ¿qué podrán hacer? ¿Les darían trabajo? ¿Tendrán en la vida una segunda oportunidad? Pues una vez que pisas estos muros ya quedas marcada como una especie rara. Vas a buscar trabajo, y nada más que vean tu expediente te dicen que no te pueden emplear. Me paro a reflexionar porque la sociedad es así.

Porque no nos dan la oportunidad de ser gente normal, de volver a poder sentimos útiles para nosotras, y también para la sociedad... Quisiera pedir algo en voz alta. Que si alguien lee estas líneas que escribo, tenga corazón y piense que la gente que estamos aquí no somos bichos raros. Somos personas que tuvimos mala suerte, o un mal momento, o que nos metimos en sitios equivocados. Y seguro que la mayoría de nosotras no tuvimos las oportunidades suficientes parea ser una persona buena.

Os pido que esa libertad que yo también deseo y espero me llegue cuando me corresponda, no me haga volver aquí, porque no sepa cómo hacer para incorporarme a la sociedad, porque aparezca como una especie rara por haber estado aquí... Cuando salimos, no encontramos esa oportunidad que a gritos pedimos y que no nos dan. ¿Por qué? ...o Pregunta que de todos, comunidades cristianas y sociedad, reclama y espera una respuesta de inserción positiva, posibilitando la «resurrección social» a cuantas personas viven socialmente muertas»

Ni tan mala compañera.

El sentido común sugiere que las relaciones humanas son la clave para el bienestar, por lo que la soledad sería, en consecuencia, señal de anormalidad. Pero, la soledad también tiene su lado positivo. Durante siglos, poetas, místicos y religiosos han reportado sus efectos creativos y enriquecedores. Los psicólogos han comenzado a detectar a personas sanas que en parte toman la soledad para usos beneficiosos. De acuerdo al psicólogo Peter Suedlfeld, PhD, de la Universidad de Columbia, la necesidad de soledad presenta un componente de estado y de rasgo.

Todas las personas, en algún momento, sienten la necesidad de darse un tiempo de soledad. Quienes presentan la soledad como un rasgo de personalidad la necesitan y la desean más que otros, en virtud de que este rasgo representa características de conducta relativamente permanentes. El estado de soledad se refiere a características transitorias. Las investigaciones relativas a la soledad como estado sugieren que la mayoría de las personas necesitan estar algún tiempo solas para satisfacer ciertas necesidades de soledad, y de hecho, la evitan.

En su investigación, Suefeld encontró que aquellos que presentan mayores demandas de atención o habilidades sociales, tales como ejecutivos de negocios o madres de niños pequeños, necesitan más tiempo para estar solos. Esto les permite recuperar sus recursos, descansar y relajarse. Repotencia la energía psicológica y el bienestar físico, se reduce la producción de estresantes y mejora el funcionamiento inmunológico y otros cambios fisiológicos.

Lo que uno haga durante el tiempo en soledad, como caminar, meditar, relajarse, al parecer resulta menos relevante para el rejuvenecimiento que el simple hecho de obtener soledad. Los convictos, algunas veces golpean a los guardias o rompen las reglas de manera que los confinen en un lugar solitario, en donde puedan recuperarse de los problemas creados por el ambiente de los compañeros.

La vida en prisión.

La cantidad de soledad que las personas necesitan para recuperarse depende de cuánto tiempo les tome estar aptos para enfrentar las demandas de su ambiente. Una hora, cada cierto día, puede ser suficiente para renovar a algunas personas, pero puede no serlo. El tiempo en soledad satisface otras necesidades o funciones psicológicas además del rejuvenecimiento, señala Pedersen, de la Universidad de Brigham Young. Su investigación sobre la privacidad sugiere que la contemplación es la necesidad más imperante que resulta satisfecha por la soledad:

"Le ofrece a las personas la oportunidad de contemplar quiénes son, qué relaciones mantienen con otras personas y cuáles serán sus metas. Cumple una función de asentamiento y autodefinición". Otras dos necesidades psicológicas con las cuales se encuentra la soledad, son la autonomía, es decir, el chance de hacer lo que uno desea, de actuar libremente, y ser lo que uno es, así como la confidencia. Esta última, resultó ser una respuesta sorprendente de los sujetos de su investigación, quienes al parecer emplearon el término para describir una relación devota con una deidad.

El estudio de Pedersen no encontró diferencias entre los géneros sexuales en relación a la frecuencia con la cual las personas buscan la soledad. Pero, sí se halló que las mujeres emplean la creatividad y la contemplación en mayor medida que los hombres. Estos últimos, en cambio, presentan una fuerte preferencia por estar solos. Un tipo de aislamiento en donde prefieren trasladarse geográficamente, irse a la montaña o salir por un largo paseo en el carro, en lugar de refugiarse en una oficina o dormitorio.

El componente de rasgo de la soledad, sugiere que algunas personas presentan una preferencia por la soledad que es mucho más grande que una necesidad de estar solos de vez en cuando. El psicólogo Jerry Burger, PhD, especula que sólo un pequeño porcentaje de la población, quizás no más de 10%, muestra este rasgo. Al contrario de los estereotipos sociales, estas personas, "están bien ajustadas". Están auto-actualizadas, presentan buena comunicación, se desempeñan bien en situaciones sociales y disfrutan de sus amistades. Además, les gusta la soledad, de manera que se las ingenian para pasar un tiempo solas de modo frecuente.

La soledad en niños y adolescentes.

La soledad aparentemente ofrece efectos saludables en otras etapas del desarrollo humano, particularmente en la adolescencia. Los adolescentes reportan tener mayor concentración y menor autoconciencia durante la soledad, señala el psicólogo Larson, quien sugiere que permite un estado mental más productivo. Luego de estar solos, los adolescentes presentan mejor humor, a diferencia de otros momentos. En una de sus investigaciones encontró que los adolescentes que pasan cantidades intermitentes de tiempo solo, se encuentran mejor ajustados que los demás.

De acuerdo a Larson, los adolescentes dicen que están solos cuando están consigo mismos. Pero, hay que diferenciar entre la soledad de estar solo y la soledad relativa a otras personas. "Sentir soledad en relación a los amigos es pernicioso", señala Larson, pero, salir por su cuenta o estar solo en su cuarto y sentirse solo, es probablemente saludable. En los niños, la soledad es considerada signo de timidez. Sin embargo, los niños juegan solos por varias razones, de acuerdo al psicólogo Robert Caplan, PhD, de la Universidad de Carleton. Para la mayoría de los pequeños, el juego es el primer paso en la escalera para su posterior juego con otros. "El problema surge con aquellos niños que no suben el próximo escalón".

En estudios con preescolares, Coplan y Kenneth Rubin, de la Universidad de Maryland, observaron tres tipos diferentes de niños con tendencia a jugar solos. El primero, es el niño tímido, quien desea interactuar con otros, pero esto le causa angustia y miedo. El segundo caso se refiere a niños socialmente inmaduros, quizás un tanto agresivos, activos y ruidosos, quienes practican el juego solitario porque quizás nadie desea jugar con ellos. Finalmente, se encuentran los niños que disfrutan jugando solos de forma constructiva, prefiriendo los juguetes, rompecabezas u otros objetos, en lugar de personas.

Estos últimos, presentan un mayor rango de atención, sin embargo, no son muy buenos en tareas orientadas a las personas como, por ejemplo, Adivina el personaje. A la edad de 7 u 8 años, los niños que aún juegan solos pudieran estar en riesgo de ser rechazados por sus padres, así como en riesgo de no aprender las destrezas sociales necesarias para obtener relaciones exitosas. El hecho de que disfrutemos de períodos de soledad, no significa necesariamente que experimentemos rechazo por el mundo externo. La soledad nos permite, no sólo explorarnos a nosotros mismos, sino también nuestra relación con las personas y el mundo que nos rodea, como señala el psicólogo Mcintosch: "Es un modo de ponernos a tono con el mundo".

Si no se libera al organismo de estos cambios ocurridos durante la fase de reconocimiento y consideración de la amenaza, se entra en un estado de estrés crónico. Cuando uno se siente estresado y añade aun más estrés, los centros reguladores del cerebro tienden a hiperreaccionar ocasionando desgaste físico, crisis del llanto, y potencialmente depresión.

Condiciones estresantes.

~Exceso o falta de trabajo.

~Rapidez en realizar la tarea.

~Necesidad de tomar decisiones.

~Fatiga por esfuerzo físico importante.

~Viajes largo y numeroso.
~Excesivo número de horas de trabajo.

En algunas aldeas, han obligado a pintar de negro los cristales de las ventanas de las casas donde viven mujeres para impedir que puedan ser vistas desde fuera. Cambios frecuentes en el entorno laboral.

La sobrecarga de trabajo, tanto en lo relativo a la complejidad de las tareas como en el excesivo número de ellas, ha establecido una relación directa entre horas de trabajo y muertes causadas por enfermedades coronarias. La sobrecarga de trabajo también está relacionada significativamente con una serie de síntomas de estrés: búsqueda de formas de escape, absentismo laboral, baja motivación en el trabajo, baja autoestima, tensión, percepción de amenaza, desconcierto, alto nivel de colesterol, incremento de la tasa cardiaca y aumento de consumo de cigarrillos, estrés asociado a las características del puesto de trabajo.

Ambigüedad.

Surge cuando no se dispone de una adecuada información laboral, responsabilidad o falta claridad en los objetivos asociados al puesto. También puede suceder que exista una excesiva demanda de responsabilidad por parte de los compañeros sin haberse facultado para ello, o por el contrario que exista esa facultad y no se desempeñe. Esta situación representa para el trabajador una menor satisfacción en el trabajo, mayor tensión y baja autoestima.

Sobre otras personas.

Los trabajadores con responsabilidad sobre otras personas tienen un mayor número de interacciones estresantes, como es el caso de directivos que, además, con cierta frecuencia tienen que asistir a reuniones o deben cumplir demasiados compromisos de trabajo. Estas personas suelen tener mayor presión diastólica y altos niveles de colesterol. Pero existen otros factores causantes de estrés relacionados con las funciones del trabajador, afectando fundamentalmente a mandos intermedios, como son:

~Individuo que cuenta con insuficiente responsabilidad.
~Falta de participación en la toma de decisiones.
~Falta de apoyo por parte de la dirección.
~Cambios tecnológicos a los que hay que adaptarse.

Estrés producido por las relaciones interpersonales cuando existen unas relaciones pobres y hay poca confianza, se producen frecuentemente comunicaciones insuficientes que originan tensiones psicológicas y sentimientos de insatisfacción en el trabajo. En este sentido, al considerar las relaciones con los superiores se pueden hallar favoritismos por su parte que provocan tensión y presión añadidas.

Por el contrario, las relaciones con los subordinados son con frecuencia fuentes de estrés para los directivos, al tratar de conseguir mayor productividad y un tratamiento considerado. Las relaciones entre compañeros también pueden ocasionar diversas situaciones estresantes, como por ejemplo, rivalidad, falta de apoyo en situaciones difíciles, culpabilización de los errores o problemas, e incluso una total falta de relaciones.

Estrés relacionado con el desarrollo de la carrera profesional por lo general, el trabajador espera ir ascendiendo en los diversos puestos que tiene la empresa a la que pertenece, es decir, tiende a mejorar no sólo en el aspecto económico, sino que también aspira a puestos de mayor responsabilidad o cualificación, desarrollando lo que llamaríamos su carrera profesional. Por eso, cuando las expectativas se truncan, aparecen tensiones o factores estresantes, como por ejemplo:

Falta de seguridad en el trabajo.

Incongruencia o falta de equidad en una promoción insuficiente o excesiva.

Conciencia de haber alcanzado el propio techo.

Cuando un ejecutivo de mediana edad observa una ralentización en los procesos de promoción, y experimenta que va alcanzando su propio techo y puede ser sustituido por otros compañeros más jóvenes y con más preparación, aparecen tensiones, conflictos, ansiedades, insatisfacciones y temores en relación con su posición profesional.

~Estrés producido por la estructura organizativa falta de participación en los procesos de toma de decisiones.
~Falta de autonomía en el trabajo.
~Inadecuada política de dirección.
~Sentirse extraño en la propia organización.
~Estrecha supervisión del trabajo.

El estrés producido por la propia organización presenta los siguientes factores de riesgo para la salud:

~Animo deprimido,
~Baja autoestima,
~Poca satisfacción en el trabajo,
~Intención de abandonar el puesto y absentismo laboral.

Así mismo, en numerosos estudios realizados, la falta de participación en el trabajo produce insatisfacción y un incremento del riesgo de enfermedad física psíquica.

En el contexto laboral se experimentan otros síntomas estresantes que no son de carácter cuantitativo ni cualitativo, sino que ocurren más bien cuando las habilidades de la persona son incongruentes con respecto a la tarea o el entorno laboral. No obstante, hay que tener en cuenta que ante situaciones similares las personas reaccionan de forma diferente. Así, cuando se produce una tensión por sobrecarga de trabajo, mientras que una persona puede reorganizar eficazmente la tarea, aprender nuevas formas, buscar ayuda o absorber sólo aquello que es cabalmente posible, otra, según sea la situación, puede sentirse incapaz de superar tal tensión y puede responder a largo plazo con enfermedades coronarias, depresivas, etc.

Tímidos con éxito.

Cuando la timidez no es grave puede convertirse incluso en un elemento al que sacar rendimiento. La prudencia característica de los tímidos les ayuda a controlar mejor los impulsos indeseables y les facilita una mejor aceptación social que las personas que no actúan con tanto cálculo. Por otra parte, los tímidos son, con frecuencia, introvertidos y aprovechan esa facilidad para profundizar en la creatividad interior, estimulando la imaginación y la fantasía.

Por esa razón, entre los tímidos se encuentran grandes artistas, pensadores y escritores. Fueron y son conocidos por su gran timidez:

James Dean.	Rousseau.
Woody Allen.	Montesquieu.
Stendhal.	Proust.

Por otro lado, aunque en el ámbito laboral se valora mucho la capacidad de comunicación, también en ese terreno pueden aprovecharse las ventajas de la timidez. Algunos tímidos han encontrado en el trabajo su refugio y muestran tendencia a ser perfeccionistas y abordar con eficacia las tareas que requieren mayor concentración y esmero.

Algunos autores de corte organicista barajan la posibilidad de que las manifestaciones psicosomáticas propias de la timidez tienen su origen en el desarrollo de glándulas de secreciones internas, como las suprarrenales. Incluso hablan de la timidez como una característica hereditaria. Por su parte, los psicoanalistas afirman que la timidez no es más que la punta del iceberg de un problema oculto, y mucho más profundo.

Debido a la represión de los instintos, principalmente los sexuales, a la imposibilidad de ponerlos en práctica, surgirían, según esta tesis, una serie de fantasías en las que el tímido se percibe interiormente deseando realizar ambiciones y deseos que al final no ejecuta. Esta represión se terminaría corporeizando y se convierte en la rica sintomatología psicosomática del tímido (rubor, sudor, temblores) que ya se ha descrito al comienzo.

Para los psicólogos conductistas (otra corriente, además de las dos descritas), la timidez no se hereda, se aprende desde niño por la influencia de modelos parentales o por determinadas actitudes de quienes intervienen en el proceso educativo. Las experiencias infantiles, según estas teorías, serían decisivas en la aparición de la timidez: niños que no han sido suficientemente valorados o se han visto ignorados, o se han sentido menos apreciados por sus educadores cuando han conseguido logros, o que han sufrido experiencias de malos tratos o han padecido alguna experiencia de abusos. Una etapa importante para la aparición de la timidez es la adolescencia, esa época en que el niño-hombre o la niña-mujer experimentan sensaciones desconocidas y no saben manejarlas en sociedad o ante el otro sexo, lo que produce ese bloqueo de inhibición o timidez. Y, como se ha dicho, la comprobación del propio bloqueo desencadena aún más temor al contacto social. En cualquier caso, parece que en la aparición de la timidez influye mucho la historia personal; es más aprendida que congénita.

Superar la timidez.

Martha Davis y otros autores en su libro "Técnicas de autocontrol emocional" (EdMartínez Roca), apuntan algunos pasos para reforzar la personalidad de las personas tímidas:

- Detención del pensamiento.
- Concentrarse en los pensam deseados que nos asaltan y después de un corto período de tiempo,

Detener y vaciar la mente.

- Se debe estar atento a la aparición de estos pensamientos,
- identificarlos y pararlos enérgicamente.

Ideas irracionales.

Suscitando pensamientos racionales como:
"No me afecta",
"Todo ser humano se equivoca",
"Una discusión es cosa de dos"
"Nos sentimos en función de cómo pensamos"
"Qué es lo peor que me puede ocurrir".

Desarrollo de técnicas de afrontamiento del miedo. Utilizando técnicas de relajación que apoyen las decisiones que nos conducen a soportar situaciones difíciles.

Entrenamiento asertivo. Mostramos una conducta asertiva cuando defendemos nuestros propios intereses, y expresamos nuestras opiniones libremente pero sin herir la susceptibilidad de los demás.

Otro autor, Weimberg, afirma que la timidez es un hábito que se fortalece si no se actúa contra él. Lo mejor es afrontarla de frente, no huir. Aguantar la presión de las miradas, quedarse en el grupo. Mirar a los ojos del interlocutor, cada vez un poco más fijamente. "No se trata de hallar valor para hablar, sino de hablar para hallar valor". Hemos de hacer inventario de nuestros propios valores para ir tomando conciencia íntima de nuestras cualidades. Y para valorarlas en su justa medida. De este modo, la Pastoral Penitenciaria colabora con sus recursos dando Servicios Sociales, formación laboral y capacitación profesional, etc.

Muerte social

Con frecuencia, los servidores Pastoral Penitenciario atienden a personas que viven en libertad con una sensación intima de «muerte social»: marcadas por la cárcel, se sienten « selladas» por los antecedentes policiales y penales.

Saben que la sociedad desconfía de ellas; que los puestos de trabajo les serán en muchos casos sistemáticamente negados; que por falta de trabajo no dispondrán de medios económicos suficientes para sustentar a su familia ni a sí mismas; que sin aval o garantía suficiente no podrán ni siquiera alquilar un lugar para vivir, por modesto que sea...

Son hombres y mujeres que, injusta y desgraciadamente, terminan por sentirse *muertos vivientes* que deambulan por las calles de nuestra sociedad.

Cuando la libertad da miedo.

Describía una mujer presa en estos términos: Si estoy aquí, mucha gente dirá que una santa no soy, y yo tampoco les quitare la razón. Pues llega un momento, desde que estoy aquí dentro, en que, aunque no te lo merezcas, llegas a creerte que sí, que tienes que estar y que tienes que luchar para que no te vuelva a pasar más, cuando cumplas tú condena y salgas en libertad. Yo tengo aquí dentro unas "conocidas", a las que tampoco puedo llamar "amigas"... Me comentan que cuando llegue ese día de libertad, por el que tanto suspiramos y tanto deseamos, les da miedo.

Miedo a la sociedad, miedo al rechazo de la gente, miedo a no saber adaptarse después de tanto tiempo aquí... Dicen que aquí las encerraron, con o sin razón, pero que aquí están. Y cuando les llegue la libertad, ¿qué podrán hacer? ¿Les darían trabajo? ¿Tendrán en la vida una segunda oportunidad? Pues una vez que pisas estos muros ya quedas marcada como una especie rara. Vas a buscar trabajo, y nada más que vean tu expediente te dicen que no te pueden emplear. Me paro a reflexionar porque la sociedad es así.

Porque no nos dan la oportunidad de ser gente normal, de volver a poder sentimos útiles para nosotras, y también para la sociedad... Quisiera pedir algo en voz alta. Que si alguien lee estas líneas que escribo, tenga corazón y piense que la gente que estamos aquí no somos bichos raros. Somos personas que tuvimos mala suerte, o un mal momento, o que nos metimos en sitios equivocados. Y seguro que la mayoría de nosotras no tuvimos las oportunidades suficientes parea ser una persona buena.

Os pido que esa libertad que yo también deseo y espero me llegue cuando me corresponda, no me haga volver aquí, porque no sepa cómo hacer para incorporarme a la sociedad, porque aparezca como una especie rara por haber estado aquí... Cuando salimos, no encontramos esa oportunidad que a gritos pedimos y que no nos dan. ¿Por qué? ...o Pregunta que de todos, comunidades cristianas y sociedad, reclama y espera una respuesta de inserción positiva, posibilitando la «resurrección social» a cuantas personas viven socialmente muertas»

CAPITULO 12

FILOSOFIA Y ROL

Fuera del local

l programa de Servicio Comunitario de Capellanía, ayuda a enlazar los ministerios de la iglesia local con las instituciones de nuestras ciudades y pueblos. Este programa toma en serio el mandato de Hebreos 13:12-13, de ir "fuera del campamento" hacia una sociedad herida. Aquellos que captaron la visión de tal tarea están ahora entre los cientos que están sirviendo alrededor del mundo.

Los capellanes voluntarios, trabajan sin paga o reconocimiento, en casas de cuidado clínico, hospitales, agencias locales y estatales de aplicación de la ley y muchas otras instituciones. El capellán junto con los cientos que le siguen, prueban como la iglesia, el pastor y los ministerios pueden ser revolucionados cuando alcanzamos a los menos queridos de nuestra sociedad. La iglesia debe *ir* a las instituciones más "restrictivas" de manera que pueda ser un testigo genuino, hábil y productivo del cuidado sustentador de Dios.

La Capellanía de la Iglesia trabaja en muchas áreas de ministerio que incluyen pero no están limitadas a:

Militar,
Aplicación de la ley,
Prisión/cárcel,
Hospitales,
Fabricas de automóviles,
Pistas de automóviles,
Paradas de camiones,
Ciudades universitarias,
Cuerpos legislativos,
Aeropuertos,

Organizaciones cívicas y otros campos de servicio comunitario.

El ímpetu de este bloque de instrucción es enfatizar la filosofía y los diversos roles desempeñados por la Capellanía. La filosofía comenzará con la misión y el código de ética de la Comisión de Capellanía y se extenderá a la filosofía general y misión de la agencia que esté siendo servida. El material de la Comisión de Capellanía puede ser obtenido para reforzar la responsabilidad histórica de la Capellanía.

Filosóficamente, los capellanes entrarán al lugar de trabajo como siervos/as de Dios y de la agencia de la cual forman parte. Como capellanes, idealmente entendemos que deseamos promover el reino de Dios y cumplir la Gran Comisión. Debe ser entendido, sin embargo, que el capellán no debe intentar convertirse en pastor/a de los miembros del lugar de trabajo. Hay muchos cristianos conscientes e idóneos quienes están comprometidos con su iglesia local y denominación.

Como capellán usted será un recurso valioso y ministro para ellos/ellas, pero nuestra filosofía y nuestro rol NO ES construir nuestro reino en vez del Reino de Dios. Usted sin ninguna duda encontrara muchos empleados quienes no son asistentes a la iglesia y no son convertidos ellos le buscarán a usted como capellán y como pastor mientras el tiempo pasa.

Responsabilidades.

Las responsabilidades básicas del capellán se relacionarán con la agencia a la cual es voluntario/a. El capellán de aplicación de la ley como ejemplo tendrá que descubrir desde una entrevista personal con su enlace en el departamento exactamente cuáles son las expectativas del capellán. Algunas agencias desearán que el capellán sea un capellán para "los empleados" solamente. Otras agencias utilizarán el capellán tratando con residentes, pacientes, internados, perpetradores o sospechosos. Una vez establecido, el capellán puede luego comenzar el asesoramiento y delinear en forma precisa las responsabilidades que asumirá. Las tareas generales del capellán de la policía incluirán notificaciones de muerte, consejería pastoral, consejería familiar, asistencia en escenas de accidentes, y patrullaje regular con oficiales de patrulla y detectives.

El Abuso de Poder.

Muchos hombres y mujeres que entran en la Capellanía de Servicio Comunitario entran por el propósito noble y divino de servicio, y para contribuir al cumplimiento de la Gran Comisión. Mateo 28:18. Consecuentemente, el capellán no piensa en si mismo/a como una persona poderosa aparte del sentido espiritual.

Como punto de partida, el capellán de servicio comunitario aprenderá rápidamente que él/ella maneja una gran cantidad de poder. Los patronos aprenderán pronto que sus empleados confían en el capellán. Esto significa que el capellán sabe lo que el empleado piensa de su patrono, sea bueno o malo. Esta es información que a muchos patronos les gustaría saber. El dilema para el capellán es obvio. Él o ella tienen una oportunidad de "complacer" al jefe a expensas de su conocimiento confiado.

Otro problema que existe es que el capellán será visto casi siempre como una figura de autoridad. La razón es que los capellanes normalmente tienen una puerta abierta a la administración la cual incluirá los supervisores, líderes de secciones, capataces, directores y aun "dueños". De aquí, el "privilegio de acceso" del capellán puede ser malinterpretado por su rango y archivado como "autoridad". Esto es sin embargo, solo "autoridad percibida". Los jefes conocen esto y el capellán conoce esto, pero para otros es visto como una posición de mando.

Autoridad Percibida.

Hace años un estudio fue conducido en una prominente universidad. El estudio era para determinar la reacción de un grupo promedio de hombres y mujeres a la autoridad percibida. El ambiente fue una clínica laboratorio. Veintiséis hombres y mujeres fueron seleccionados al azar para participar en el estudio. Se les notificó que su responsabilidad era seguir las instrucciones del profesor que estaba conduciendo la investigación. El grupo fue acomodado en un cuarto donde fue introducido el "profesor". El tenía aproximadamente 50 años de edad. Estaba vestido con una Bata de clínica y cargaba una tablita sujetapapeles y una gráfica. El profesor introdujo a otro caballero quien iba a ser el "sujeto" de su estudio. Dehecho, el otro caballero estaba en combinación con el profesor pero el grupo no lo sabía.

El grupo fue informado que el caballero iba a tomar asiento en otra parte de la división del cuarto. Una vez sentado, alambres iban a ser sujetados en sus manos, cara y piernas. El hombre iba a estar amarrado a la silla para restringir el movimiento. El profesor iba a comenzar a decir al grupo que hacía falta un voluntario para administrar descarga eléctrica. El (los) voluntario(s) iba(a) a venir del grupo de los veintiséis. Algunos voluntarios vinieron y ante la petición del profesor, cada uno administró descargas aun con los gritos del hombre en la otra parte de la división del salón. Todo lo que el profesor tenía que hacer era estimular al grupo que su participación era vital para el éxito del estudio. Todos participaron y administraron descargas las cuales parecía que ocasionaban dolor insoportable al hombre detrás de la división.

Un segundo grupo de hombres y mujeres seleccionados al azar fue escogido posteriormente. En esta ocasión el "profesor" quien fue introducido a ellos era un hombre joven bien parecido de aproximadamente veintitrés años de edad. No estaba clínicamente vestido y su atuendo casual le daba un parecer "bastante relajante". El mismo escenario se utilizó como descrito arriba. Los resultados fueron bastante diferentes. El segundo "profesor" no fue capaz de obtener más de una o dos personas que siguieran sus instrucciones, pero ellos/ellas detuvieron la administración de descargas una vez los gritos comenzaron, a pesar de los halagos y estímulos del "profesor".

El punto de estos hallazgos fue que el segundo grupo de hombres y mujeres no suscribieron mentalmente autoridad adecuada al segundo profesor, aunque el primer grupo de hombres y mujeres no encontraron dificultad en percibir al primer profesor como que estaba a cargo y tenía la autoridad para demandarles o autorizarles para completar sus acciones.

Código de ética.

El capellán debe actuar como un capellán para TODOS los empleados de la agencia u organización a la cual él/ella sirve, y deberá estar listo/a para actuar en esta capacidad si se requiere.

El capellán deberá informar al/a los individuo/s así designados por la política de la agencia y deberá ser responsable en materias relacionadas a las operaciones de las organización (dentro del alcance del deber del capellán).

El capellán de servicio comunitario deberá ejercer ética profesional y eclesiástica. Él/ella deberá mantener una actitud de servicio y asistencia con todos los empleados independientemente del trasfondo religioso. Deberá mantener toda consejería en la más estricta confidencia. Suspensión o terminación pueden ser esperadas por la violación de la confidencialidad con la excepción de lo siguiente:

(1) La vida del aconsejado está en riesgo,
(2) La vida de otro está en riesgo,
(3) Un peligro a la seguridad nacional.

Comunicación con la agencia.

El capellán deberá estar disponible a la agencia en todo tiempo, sea por teléfono, dispositivo de llamadas, u otra comunicación el cual puede ser provisto por el patrono.

El capellán, deberá seguir las políticas de la oficina de Programa de Asistencia al Empleado de las agencias cuando haga referidos

El capellán no deberá formar parte de procedimientos oficiales de quejas o agravios. Esto no exime al capellán de sus responsabilidades de consejería confidencial.

El capellán no deberá comentar públicamente acerca de la acción de la agencia a la que sirve, de su dirección, administración, o empleados. El capellán de servicio comunitario no deberá liberar o diseminar cualquier información a la prensa, medios noticiosos, compañías de seguro, o abogados en relación con la información de la agencia.

Toda la información asegurada por los capellanes es guardada en confidencia y usada solo a discreción de los empleados de la agencia. El capellán de servicio comunitario no deberá someter informes estadísticos de las actividades del Programa de Capellanía. Estos informes serán sometidos el patrono o su designado/a. La frecuencia del informe será determinada por la oficina de administración. Los capellanes de servicio comunitario serán sujetos a protocolo y procedimientos disciplinarios apropiados mientras sirvan en la capacidad de un capellán de servicio comunitario.

Observar.

1- El capellán indirectamente representa a todos los otros capellanes. No ponga en juego la integridad y reputación de otros capellanes por su falta de discreción o integridad.

2- La presencia de una autoridad "experta" como las de un capellán puede influir a los individuos para realizar actos que ellos/ellas normalmente no considerarían.

Los Diez Mandamientos de Ética.

I. Su oído deberá oír; sus ojos deberán ver.

Debemos poseer en un balance entre atender y escuchar. Estamos acostumbrados a escuchar en el ambiente de la iglesia, ahora tenemos que escuchar y hablar en un ambiente muy diferente. Tenemos que determinar lo que vamos a escuchar y cómo vamos a escucharlo.

II. Siempre diga la verdad.

Aunque eso es un buen consejo, no siempre es tan fácil de cumplir como lo pensamos. En este trabajo, no como otro cualquiera, usted tiene que ser verdadero por el bien de la verdad y no use semánticas como un substituto para la verdad.

Se cuenta una historia acerca de un capellán quien fue crónicamente molestado por un empleado quien se mantenía llamando a su casa. Finalmente, el capellán dijo a su esposa que cuando el empleado llame le dijera que estaba en la ducha. El capellán luego iría a la ducha. La esposa sintió que ella no había mentido, pero el capellán arriesgó su integridad usando semánticas como un substituto de la verdad.

El capellán tiene que aprender a cumplir la tarea para no mentir o engañar en el proceso.

III. Mayordomía.

Usted tendrá la oportunidad de tener acceso a propiedades del gobierno, dinero, valores e informaciones.

Usted tiene que mantener su confianza sagrada.

Una palabra para los sabios...No permita que las muchas horas que usted da a su agencia justifiquen una indiscreción. Eso puede sonar OK en ese momento, cuando uno dice, "Ellos no van a perder, y aunque pierdan yo merezco eso por todas mis horas voluntarias de trabajo." Esta mentira puede destruir tanto al capellán como su ministerio por muchos años, si es que nos lo hace permanentemente.

IV. Ame a su prójimo.

La razón por la que nos amamos a nosotros mismos es porque conocemos lo que necesitamos. Para cumplir la ética de la capellanía, tenemos que aprender no solo lo que los empleados de su agencia necesitan, sino también saber lo que su compañero capellán necesita. Si cubre la necesidad de un empleado o compañero capellán, usted tendrá muchas más personas tocando a su puerta para servicio. Si usted no hace intento para satisfacer una necesidad o muestra descontento haciendo esto, la línea en su puerta se acortará muy, rápidamente. Los capellanes a menudo tienen una necesidad de ser indispensables o solicitados. Por naturaleza a ellos les gusta ser queridos.

V. Deberá diezmar

Por cuanto la Palabra de Dios nos requiere rendir cuentas y ser fieles mayordomos, de la misma manera tenemos que cumplir el mandato en nuestro trabajo como capellanes.

Tenemos que informar el uso de nuestro tiempo como capellanes. Aun en un status de voluntario, tenemos que rendir cuentas. Una vez que nosotros escogemos rendir nuestro tiempo, ahora pertenece a la agencia que servimos.

Como el diezmo es considerado una deuda hacia Dios, de la misma manera nuestra contribución de tiempo tiene que ser considerada con la misma sinceridad. La ética demanda que nuestras horas voluntarias sean consideradas como importantes así como nuestras posesiones.

VI. Reposo.

Es ciertamente una noble cosa dar su día libre para servicio voluntario a otros, pero no es una cosa muy saludable.

Somos el asesor, el consejero, el capellán. Enseñe mediante el ejemplo. Nuestra propia ética se cuestiona sino honramos aquello que hemos sido llamados a santificar.

Hay muchos momentos en que tenemos que trabajar más de lo que quisiéramos, pero el descanso es un imperativo absoluto para su responsabilidad como capellán y líder espiritual en su iglesia y comunidad. Sea un agente de estímulo para los empleados de su agencia, estimúlele para ir a los juegos de sus hijos, recitales, graduaciones, etc.

VII. Sea apasionado.

Aprenda acerca de la tarea a la mano. Lea acerca de la tarea. Aunque su trabajo es uno de un voluntario, los empleados y la comunidad le verán como en una posición a tiempo completo. Muestre lealtad, hable lealtad, active lealtad hacia aquellos a quienes sirve. Su servicio no puede ser realizado solamente, sino que tiene que ser visto que se está haciendo.

Usted pronto aprenderá que hay una filosofía de ellos y nosotros que existe dentro del departamento. Allí inevitablemente habrá problemas de moral que saldrán a la superficie. Tenemos, sin fracaso, que ser el modelo que nuestro departamento busca para la cooperación.

VIII. Camine humildemente.

El tiempo pronto vendrá en que será, en cierto sentido, responsable por dirigir y afectar el trabajo y carrera de los empleados de la agencia.

El tiempo vendrá en que usted ayudará a alguien que fue incapaz de ayudar antes. De vez en cuando será identificado por algunos empleados como la única persona quien realmente entiende, no lo crea ni por un minuto. SEA HUMILDE.

El tiempo vendrá en que alguien presentará un problema y le preguntará cual es la mejor cosa para hacer. En todos los casos, la mejor cosa para hacer es la cosa correcta. Decirle a alguien la mejor cosa para hacer no es siempre la pregunta más popular. Usted realmente puede aconsejar a alguien a hacer lo mejor, si usted también está haciendo lo mejor.

IX. Sane y cure.

Aunque el espíritu puede ser la parte más importante del hombre, no es el todo del hombre. Usted es responsable de ministrar al hombre integral cuando sea posible. Algunas veces el mejor ministerio no es una oración rápida o un verso escritural, sino sus observaciones de las necesidades de los empleados tal como alivio de estrés y descarga emocional. Con algunos empleados su ministerio empezará a ganar credibilidad cuando cargue consigo donas, envíe tarjetas y haga actos al azar de cortesía específicamente para el beneficio de aquellos a quienes usted sirve.

X. Conozca ante quien está de pie.

Mantenga en alta estima a todos los empleados sin importar el rango o el título. De la misma manera no permita que el rango o la posición del personal sean los que influyan su consejo o asesoría. No permita al público denigrar al empleado o a la agencia a la que usted sirve. Sepa que usted siempre está de pie en la presencia del Señor quien le da ética y directrices conductuales para la gente a quien usted sirve.

El capellán efectivo, reconoce y cumple con las reglas y políticas departamentales establecidas, y mantiene los estándares más altos de principios profesionales y de integridad personal.

Estos estándares son reflejados en las siguientes directrices conductuales:

El capellán efectivo debe estar consciente de las metas y objetivos de la agencia a la que él o ella sirven.

Abrazar metas y objetivos en la planificación y ejecución de responsabilidades día a día.

Evaluar su propia ejecución, y la de los capellanes compañeros en términos de cuán bien sirve para lograr las metas y objetivos de las agencias siendo servidas.

Recibir ideas innovadoras y estar dispuesto a examinar y evaluarlas sin ningún prejuicio.

Comunicar información a los superiores relativa a las implicaciones de una acción que él o/ella espera tomar de acuerdo con las metas y objetivos departamentales.

Estar dispuesto a ser apropiado, a expresar desacuerdo u oposición y ofrecer alternativas durante la planificación y evaluación de etapas de una actividad de solución de problema.

Reconocer la obligación de dedicarse a sí mismo/a a la implantación de cualquier plan o programa autorizado por la cabecera de la agencia o su autoridad delegada, así como también la responsabilidad de aconsejar a dicha autoridad acerca de consecuencias negativas anticipadas de la acción.

CAPITULO 13

EL ALTO COSTO DEL PRIVILEGIO

Hay un precio.

El privilegio no viene sin ningún precio. Aun como un capellán que está trabajando en calidad de voluntario, el capellán será expuesto a ciertos privilegios los cuales los empleados de su agencia pueden disfrutar en virtud de sus contratos. Estos son muy variados y diversos para enumerar en esta sección. Sin embargo, es importante saber que el capellán gana estos privilegios como, manteniéndose y estando sobre todos los demás así como se relaciona con la honestidad y la integridad. Una vez la integridad se rompe, es dudoso si esta puede volver a ser restaurada a su posición alta como antes.

El capellán tiene que atender los asuntos de su agencia con una disciplina y un celo que compite con los miembros de la agencia. La primera pizca de indiscreción o abuso socavarán meses o quizás años de servicio dedicado.

Educación.

La educación continuada en la Capellanía tiene que ser vista como mandatario para el profesionalismo e integridad de la Iglesia y la del mismo capellán. El capellán encontrará pronto que él/ella no está involucrado/a solamente en ofrecer invocación y bendición en actividades patrocinadas por la agencia, sino que será llamado/ a enseñar en capacitación, en servicio requisitos para agencia, también como facilitador en grupos de apoyo y de pares, y ocasionalmente mediar para y de parte de empleados "heridos". La educación continuada no solo cubrirá las áreas de estudio en Biblia y Consejería, sino que el capellán aprenderá pronto que necesita por lo menos capacitación básica en:

~ Consejería de crisis,
~ Manejo de estrés,
~ Intervención en crisis,
~ Depresión,
~ Luto y un sin número de otros asuntos que el capellán puede haber considerado alguna vez lateral a su ministerio.

Hay un número de maneras para obtener esta información tan necesaria. Puede ser obtenida a través de sociedades profesionales y con la Policía, seminarios y cursos de inducción, estudios externos, cursos por correspondencia, clases por extensión y currículum de salón de clases de colegio. Dondequiera que la educación es recibida debe ser documentada y donde sea posible, otorgar unidades de educación continuada. Cuando un capellán toma un curso básico, avanzado o de refrigerio con la Comisión de Capellanes de la iglesia, el capellán recibirá unidades de educación continuada y un certificado de logro, con la fecha, localización y curso de estudio adherido.

Capellanía Clínica

El capellán de servicio comunitario quien sirve en un hospital o clínica será llamado a servir la clientela de la agencia en una manera más exhaustiva que ellos servirían al personal del hospital o clínica. El foco del capellán clínico estará basado en la misión del hospital o clínica, que siendo un paciente, parecido a la manera de los doctores, enfermeras y técnicos. Esta clase tocará un número de asuntos que son fundamentales al ministerio exitoso en hospitales y clínicas y centros de consejería. Entre estos estarán los tópicos que tratan con crisis espiritual, enfermedades serias, cuidado pastoral, presencia cristiana, el paciente, y otros asuntos vitales relacionados.

Duelo:

Una parte crucial de la recuperación del ministerio para residentes de cuidado prolongado, cuidado pastoral para la población de edad avanzada y capellanes de aplicación de ley.

Esta clase especializada tratará específicamente los tópicos peculiares en los sistemas de aplicación de ley y con equipos de respuesta de emergencia. Dentro de las esferas del capellán de aplicación de ley existen cuatro categorías distintas:

Capellán voluntario,
Capellán a tiempo parcial,
El capellán/oficial, y
El capellán pagado a tiempo completo.

Independientemente de los auspicios bajo los cuales el capellán sirve, siempre se convierte en la responsabilidad del capellán proyectar una imagen la cual entienden comunica mejor el ministerio de la capellanía. Esta clase identificará las áreas primarias de responsabilidad e intereses del capellán de aplicación de ley.

Prisión

Capellanía de Prisión y Cárcel. Como un representante de Dios, el capellán tiene que promover una relación entre el individuo y Dios. Utilizando entrenamiento académico y experiencia, el capellán tiene que estar equipado para funcionar eficientemente como un miembro productivo del personal correccional. Esta clase identificará un número de roles donde el capellán puede servir efectivamente en los sistemas correccionales. Entre estos roles están aquellas posiciones de ministerio de pastor, maestro, y consejero. Utilizando el modelo ministerial de Jesús las características del ministerio de la Cárcel y la Prisión serán discutidas como también los tipos de personal que se encuentran en las instituciones correccionales y maneras de ministrar a ellos.

CAPITULO 14

CUIDADO A LARGO PLAZO

Condiciones de los pacientes.

Cuando una institución califica como, institución de cuidado a largo plazo, claramente identifica algunas condiciones de los pacientes. Las personas que viven en esta situación no son llamadas típicamente "pacientes" sino más bien "residentes," porque ellos vivirán normalmente en este tipo de hogares por el resto de sus vidas. Aunque hay muchos niveles de cuidado, el punto común es que el paciente es incapaz de desempeñar todo su cuidado personal, y este cuidado se relaciona generalmente con el apoyo funcional básico. Típicamente, su condición tiene una regresión al punto que su cónyuge o la familia no podrá proveer todo lo que se necesita.

La gente que vive en una facilidad de cuidado a largo plazo es diversa en raza, cultura, y afiliación religiosa. Básicamente, los residentes vienen de todo tipo de estilos de vida, pero hay poca flexibilidad para horarios individuales. Cada nuevo paciente debe ajustarse a las instrucciones pertinentes relacionadas con la programación que se ha determinado anteriormente por discreción independiente. La Biblia dice que sin una visión la gente perecerá. El ambiente en las facilidades de Cuidado a largo Plazo tiene una ausencia distintiva de visión para el mañana entre los residentes.

Facilidades

La angustia emocional y espiritual encontrada dentro de una facilidad de Cuidado a largo plazo es comparable a la de una comunidad que ha experimentado un desastre natural, tal como una inundación, huracán, o tornado. Hay una fuerte presencia de inquietud, temor, desesperación, y enfado. La confusión es común, y los corazones de los interrogantes tratan de comprender el papel de Dios en sus circunstancias actuales. La diferencia principal es que en una situación de desastre natural, muchas agencias de apoyo y desagravio llegan a ayudar.

* Hay una marcada ausencia de ayudantes.

* Los pacientes geriátricos se enfrentan con la pérdida de capacidades y funciones físicas, se pierde la privacidad, las libertades se restringen y los vecinos rotan regularmente, generalmente debido a la muerte más bien que por su salida.

* La comunidad es diversa en raza, cultura, y afiliación religiosa, de todo tipo de gente.

* Los residentes se mantienen juntos sin opción.

* La facilidad se convierte en un lugar solitario mientras el personal se distancian a sí mismos emocionalmente de los residentes debido a la historia de que pueden ser lastimados.

* El personal y miembros de familia pueden mantenerse alejados cuando las cosas están difíciles.

* Los nuevos residentes tendrán un compañero de cuarto, 24 horas al día, contrastando el hecho de que ellos pudieron haber vivido solos toda su vida.

* Muchos visitantes son insensibles a que la facilidad es el hogar del residente y no piden permiso para entrar en la sala, o no extienden las demás cortesías comunes.

Básicamente, los residentes vienen de todo tipo de estilos de vida

* Todas las comidas, regaderas, y actividades son provistas por la institución.

* Hay poca flexibilidad para agendas individuales.

* Los residentes deben ajustarse a recibir instrucciones pertinentes a sus vidas diarias.

El Modelo de Ministerio

Dentro de estas condiciones yace uno de los campos más fructíferos de ministerio. Cuando la gente se siente abandonada, abrirán sus corazones a la amistad.

* Cuando la gente está en constante dolor, buscarán a alguien que les quite el agravio y les ofrezca comodidad.

* Cuando la gente encara la muerte, cuestionan a Dios y el significado de la vida.

*Ellos buscan a alguien capaz de ayudarlos para hacer sentido de las cosas. Estas condiciones son comunes a la raza humana, pero son muy frecuentes y constantes en estas facilidades. Es aquí donde el ministerio del Capellán comienza. La mayoría de los esfuerzos de ministerio en un ambiente geriátrico se limitan a un compromiso de una hora por semana. Se pueden programar múltiples actividades religiosas, pero la personalización y la continuidad del cuidado es insuficiente bajo estas condiciones públicas. Hay una necesidad de presencia que se requiere para tener una asociación correlativa que sea un paralelo al papel de la medicina, que es mejorar la calidad de vida.

Aunque hay muchas oportunidades para que la gente reciba el Evangelio a lo largo de su vida, normalmente llegarán a la etapa final sin hacer un verdadero compromiso con Dios. Así como Jesús dedicó su ministerio diario a las necesidades de la gente común, los ministerios deben ubicarse dondequiera que existan las necesidades. El ministerio de cuidado pastoral puede ser realizado por cualquier género y los residentes nunca piden credenciales. Más importante que un discurso teológico, un capellán debe tener oídos que escuchen, manos con un toque cortés y un corazón entregado.

El ministerio dentro de una de estas facilidades no está limitado a los residentes. El personal es parte de la comunidad y se apegan emocionalmente a ella. La naturaleza sería del cuidado que se ofrece produce altos niveles de tensión, y el poco personal que se contrata muchas veces ocasiona agotamiento. El capellán debe ser creativo y encontrar maneras para demostrar su apoyo y cuidado pastoral del personal de la facilidad.

Desafíos

Un desafío que el capellán debe encarar es la presentación de las verdades de Dios en un ambiente secular.

También hay desafíos institucionales que deben manejarse:

1) Aunque la confidencialidad es vital, existen reglas que requieren documentación.
2) Los capellanes deben ser capaces de mantener la integridad con cada residente, y aun así funcionar y contribuir con las actividades del plan conjunto de cuidado multidisciplinario.
3) El capellán debe demostrar el deseo de estar presente allá constantemente y debe contri-

buir siempre con una conducta profesional cuando ayuda a identificar las necesidades de los residentes (físicas, emocionales, y espirituales).

4) El capellán como un miembro del equipo planificador debe ser capaz de contribuir de una manera participativa, pero debe ser fiel al propósito ministerial.

5) Ganar la confianza para trabajar junto con las enfermeras y los asistentes no es una tarea fácil, pero es vital para tener su apoyo en este tipo de ministerio.

6) El capellán tratara social y personalmente con la muerte diariamente.

7) El control emocional es necesario para sobrevivir experimentando situaciones de muerte y después inmediatamente tratando con un nuevo residente que necesita una palabra de aliento. Es muy probable que sufrir cambios radicales de genio.

8) Ayudando a los adultos con el cuidado personal, es decir, usando el baño.

9) Sosteniendo la mano de alguien que está agonizando. Los capellanes deben estar mental y espiritualmente preparados para tratar con un individuo agonizando y también para enfrentar su muerte.

10) El capellán será llamado para dirigir servicios conmemorativos demostrando respeto y honor a los residentes difuntos. El formato del servicio debe ser sensible a las prácticas religiosas diversas, así como también a los afectados.

11) Diversidad de religión aun dentro del cuerpo de Cristo (estilos de adoración, y aun comunión.
12) Sea sensible y consciente del tiempo apropiado para las presentaciones teológicas.

Proveer esperanza.

Sin el compromiso de los capellanes y otros cristianos voluntarios, quienes están dispuestos a proveer esperanza cada día, la facilidad se convertirá en un lugar solitario (para los residentes y sus familias). El trabajo del capellán jugará un papel muy importante para ayudar a cada residente a encontrar su lugar en esta comunidad diversa y ver brillar la luz de la esperanza. A continuación hay una descripción de los deberes y las responsabilidades desempeñadas por el capellán en la facilidad de cuidado a largo plazo.

* Un capellán debe poseer y demostrar empatía con los miembros de la familia que tienen que salir y dejar a su amado en algún lugar donde va a vivir sin ellos.

* Dele seguridad a los residentes de que encontrarán un lugar en esta nueva comunidad.

* Un capellán necesitará estar dispuesto a pasar las fiestas con los residentes cuando sus miembros de familia no vengan.

* Un capellán debe aprender a apartarse cuando un sacerdote o rabí llega, porque el residente cree que ellos están en un nivel de llamamiento más alto.

* Un capellán debe estar dispuesto a mantener su posición cuando los doctores categorizan a un paciente mentalmente inestable insistiendo o confiando en fe, el conflicto entre lo espiritual y lo físico.

* El capellán puede formarse para servir como un mediador entre compañeros de cuarto contrariados o aun miembros de familia.

* El capellán puede ser que necesite establecer un sistema de apoyo espiritual para los residentes basado en otra afiliación religiosa (o falta de ella).

* Un capellán puede necesitarse para conducir una ceremonia de entierro únicamente con un abogado y un asistente de tumba.

* Un capellán debe comprometerse a continuar predicando aun cuando el sermón experimenta más ronquidos e interrupciones que aleluyas.

La edad avanzada.

Mientras la población de adultos arriba de sesenta continua aumentando a la luz de la tecnología médica avanzada y el énfasis creciente en el cuidado personal (dietas saludables, ejercicio y estilos de vida más saludables) los capellanes están obligados a reconsiderar el ministerio a los ancianos.

Brevemente presentaré el ministerio a los ancianos en dos categorías separadas:

~El ministerio a la población anciana en general
~El ministerio al anciano enfermo.

Los grupos de adultos mayores en la iglesia tienden a vivir y operar en su propio mundo. Ellos pueden ser un grupo social de retirados, un grupo de ministerio, guerreros de oración, y /o guardianes que están bien informados de las necesidades entre ellos y llevan "la iglesia" al hogar o a la enfermería. Más frecuentemente que nunca, los ancianos que se describen como "cerrados" son descuidados por la iglesia, incluyendo los pastores, y deben depender de los evangelistas de la televisión para suplir sus necesidades espirituales.

Muchos ancianos se sienten abandonados por la iglesia, la familia y los amigos y llegan a estar muy amargados y fríos hacia Dios y los demás. Por otro lado, hay ancianos que modelan para nosotros el gozo de sufrir con Cristo y usan su tiempo de descanso como una oportunidad de crecer más en su relación con el Señor, y buscan maneras de ministrar a través del teléfono, enviando cartas, y compartiendo con sus vecinos.

Cuando la tensión familiar es alta o no existe envolvimiento familiar, frecuentemente se puede notar que los adultos mayores son descuidados y/o abusados física y mentalmente y requieren la intervención del servicio social. Un capellán que ministra en una comunidad de ancianos debe informarse acerca de los recursos disponibles cuando la disfunción familiar crea un comportamiento abusivo o desaplicado de tal manera que la vida del anciano está en peligro.

Señales de peligro

1) Infección de animales o insectos en el hogar
2) Falta de alimento o de alimento apropiado
3) No hay agua, calentador, u otras necesidades
4) Recursos financieros limitados que resultan en falta de electricidad u otros recursos.
5) Un número exagerado de magulladuras, lienzos o ropas ensuciadas, o personas consistentemente yaciendo en sus propios excrementos.
6) Carencia de atención médica; las botellas de medicina sin abrir o píldoras desordenadas
7) Comportamiento enfermizo descuidado que necesita atención y no hay alguien que ayude.

Recomendaciones

Se recomienda siempre que el capellán que está en duda acerca de su responsabilidad legal investigue con las instituciones involucradas o llame a la Comisión de Capellanes de su Iglesia.

¡No sea jamás el vigilante solitario!

1) Acérquese a tales personas con amor y compasión; su actitud hablara más fuerte que cualquier palabra que usted pueda decir.
2) Sea sensible a su necesidad del momento;

   ¿Saben ellos qué es un capellán?
   ¿Necesitan ellos cuidado físico?
   ¿Pueden oírlo a usted?
   ¿Quieren ellos su visita, o más bien que los dejen en paz?

3) Use la sabiduría y la experiencia de ellos y la historia de sus antecedentes como un puente para comenzar una conversación.
4) Este consciente de la actitud de la familia hacia usted y hacia el anciano. ¿Tratan a la persona como un niño o todavía como el padre?
5) Si el anciano está incapacitado mentalmente, utilice la historia de su vida espiritual en canto y oración sin importar su reacción hacia usted. Utilice lo que usted conoce de sus memorias.
6) Ofrezca oficiar los sacramentos de la iglesia:

   La comunión,
   ¿Se han bautizado o les gustarla hacerlo?
   ¿Les gustaría una lectura bíblica y oración?
   ¿Les gustaría participar en el lavatorio de pies?

7) ¿Están seguros de su salvación? ¿Les gustaría compartir cualquier asunto pendiente? ¿Les gustaría discutir la muerte?
8) Déjelo contar sus historias y escuche.

Persona anciana enferma.

Las regulaciones del cuidado administrado y la aseguranza/"Medicare" (cuidado médico) han forzado al personal médico a enviar pacientes de las instalaciones de salud pública a sus hogares muy temprano. Los pacientes que todavía necesitan cuidado profesional de enfermería u observación mental de salud son forzados a depender de algún miembro de familia, los amigos, y aun la iglesia, para su cuidado.

El capellán no puede darse el lujo de ofrecer un seguimiento a largo plazo con el individuo en el hospital. El cuidado espiritual necesita continuarse ya sea en la enfermería profesional, durante la rehabilitación o en la facilidad de vivienda con asistencia, o en el hogar. Se necesitan hacer visitas más frecuentes cuando la persona recibe cuidado en el hogar.

En esta era de riqueza financiera o aun en la pobreza, es más barato morir en el hogar mediante programas tales como el Hospicio, pero no siempre es deseable o ni siquiera conveniente. Los niños trabajan, otros viven en lugares de cuidado infantil, y el anciano muchas veces siente que "está estorbando" porque tienen que depender de sus familiares, amigos o las agencias públicas para cuidar de ellos. Como resultado, muchos sentimientos sobre su situación en la vida llenan sus mentes y las emociones crean depresión y alboroto interno.

Además de las sugerencias presentadas en la sección de arriba, se debe recordar que la persona enferma necesita sentirse "seguro" hablando acerca de sus temores: temor del proceso de agonía, temor de ser abandonado o quedarse solo, temor de no hacer lo que podría haber hecho, temor de no estar listo para encontrarse con Dios, temor de dejar a su familia, temor del dolor y el sufrimiento, etc.

Traiga la iglesia a la persona; provea oportunidades para que los niños y otros jóvenes ministren y aprendan del sufrimiento de los santos ancianos. Organice servicios de hogar con sermones, himnos/canciones, música, risa. Muchas personas han sido salvas durante tales servicios, tanto residentes como parientes y sus visitantes.

Anime a los ancianos a hablar acerca de su punto de vista del más allá:

- Su preparación física y espiritual
- Arreglos funerarios,
- Deseos especiales/
- Peticiones para el servicio,
- Historias que a ellos les hubiera gustado compartir, etc.)

Muchas personas tienen preguntas acerca de la posibilidad de ministrarles a sus amados después de la muerte.

Recuerde que el oído es el último sentido que se pierde; recuerde que en la conversación se debe incluir al enfermo aunque el enfermo no pueda participar activamente. El toque es muy importante y debe ser firme y alrededor de los hombros, en la cara o las manos.

Anime a la familia a verbalizar su duelo/preocupación el uno con el otro, con el paciente y con el capellán. Muchas familias tienen sentimientos de culpabilidad acerca de resentimientos respecto al cuidado de la persona anciana que era su padre.

Muchas personas envejecientes necesitarán medicamentos para la depresión, psicosis o inquietudes y querrán discutir sus convicciones espirituales acerca de tomar medicina vs. Confiar en la fe sanadora. Las familias se sienten alarmadas si su padre virtuoso comienza a maldecir o tiene cambios de personalidad, y ellos necesitarán hablar de esto.

Anime a la familia a hablarle a la persona enferma sin esperar una respuesta, y si la persona anciana está muriendo, terminar cualquier negocio pendiente para su propia tranquilidad mental.

Siempre pregunte si la persona o la familia desean oración y que peticiones quieren presentar. Use la Biblia en la oración lo más posible.

Enfermería Domestica.

La posición del Antiguo Testamento sobre las actitudes y las obligaciones hacia el anciano es inequívoca. Hay un interés profundo por el débil, el pobre y el indefenso **(Isaías 1:16-17, 61:1-3; Amós 8:4-10),** y el anciano merece esta compasión. En la sociedad de hoy nosotros nos enfrentamos con el hecho de que la gente vive más tiempo y los ancianos se están convirtiendo en una creciente área de interés. El segmento creciente más grande de la población anciana es el grupo de 85+ años de edad, más de veinte veces mayor ahora que en el 1900. (Balzer)

El paciente geriátrico se enfrenta con aspectos internos y externos en su vida. Los asuntos internos pueden incluir cambio y consistencia. Los aspectos externos se revuelven alrededor de transiciones de vida y puede incluir jubilación, viudez, e institucionalización, y la eventual muerte. Mientras el cuerpo se envejece, la persona puede también encarar posibles desordenes mentales incluyendo demencia, delirio, y depresión (Belsky). Como líder espiritual, hay que tratar con todos estos asuntos y tener la capacidad para relacionarlos a los asuntos espirituales.

Cuando ministra al anciano el capellán tiene que lidiar con tres aspectos internos que se identifican como:

Una prevalencia de recuerdos del pasado,
La sexualidad,
Los desordenes mentales.

Los recuerdos:

Son cruciales a su "historia" y es crucial poder adaptarse al pensamiento orientado hacia el pasado para tratar los asuntos que el paciente pueda traer a la luz.

La sexualidad: ellos encararán cambios en su actividad y respuesta sexual y para esto el capellán debe tener un punto de vista teológico de sexualidad saludable y estar dispuesto para discutirlo con el paciente.

Desordenes: Mientras el cuerpo envejece la persona puede también tener posibles desordenes mentales que pueden incluir demencia, delirio, y depresión. El capellán debe estar dispuesto a tratar todos estos asuntos y tener la capacidad para enfocarse en la estabilidad, y ministrar con el espíritu de esperanza encontrado en Jesucristo.

Un conocimiento de los asuntos pertinentes a desordenes mentales, síntomas y los tipos de diversas enfermedades mentales será de mucha ventaja. Externamente, el paciente puede encarar (o haya tenido que encarar) jubilación, viudez o institucionalización.

La jubilación: El individuo tiene que hacer la decisión de retirarse y las implicaciones financieras de su jubilación. El capellán debería ser capaz de discutir con efectividad las consecuencias de jubilación, el efecto financiero, el efecto a la salud y el efecto moral.

La viudez: El individuo enfrenta el duelo y el capellán debe ser capaz de reconocer e identificar el luto normal y el luto anormal. Tener un conocimiento sólido sobre la teología de la muerte y la agonía es importante aquí. Institucionalización: Mientras el paciente lucha con la pérdida de independencia y las capacidades físicas el capellán debe ser capaz de relacionar el amor de Dios y Su soberanía, y tener un entendimiento sólido del sufrimiento. Esta no es una tarea fácil y vendrá con la experiencia, el estudio, el discernimiento, la sabiduría y la intervención del Espíritu Santo.

Técnicas

1) Escuchar Activamente:

El capellán debe ser sensible a aspectos verbales y no verbales de comunicación sin juzgar o evaluar. Esto fomentará la confianza y la expresión abierta. Mientras que durante los últimos años algunos modos de comportamiento no verbal pueden disminuirse como sucede con las víctimas de ataques cardiacos, pacientes de enfermedad Alzheimer, etc. áreas tales como el toque, los gestos y la sonrisa son importantes para comunicar y ser consciente de ellos. Implante el uso apropiado de gestos no verbales con la comunicación verbal tal como pararse al frente del paciente, mantener el contacto de la vista, moverse lentamente, sobre-enfatizar y exagerar expresiones faciales para enfatizar un punto, particularmente si la visión y/o el oír se imposibilitan.

2) Aclarando:

Esto ayuda al que asiste en el cuidado entender la esencia del mensaje enviado al nivel sentimental e intelectual. El fin aquí es ayudar al paciente a aclarar sus sentimientos y pensamientos conflictivos y confusos mientras se llega a la comprensión de lo que está siendo comunicado (Bartol).

3) Interrogando: Haciendo preguntas abiertas que conduzcan a la exploración personal del "que" y "como" del comportamiento. Esto motiva a la discusión, obtiene información, estimula el pensamiento, aumenta la claridad y enfoque y provee para la comprensión adicional del comportamiento (Bartol).

4) **Apoyo**: Proveer ánimo y fortaleza a fin de crear una atmosfera que estimula a continuar comportamientos deseables mientras proveen ayuda en situaciones difíciles (Bartol).
5) **Simpatizando:** Identificarse con el paciente asumiendo su punto de referencia. Lo que surge con esta técnica es la confianza en la relación ministerial.[66]

Concepto Comunitario:

Dios trabaja directa e indirectamente en las vidas de todos. Pero el capellán tiene a su disposición un recurso poderoso que es el poder de la comunidad. En Génesis 2:28 se nos dice que no es bueno estar solo. Seguramente nosotros podemos sobrevivir aisladamente, pero nunca podremos lograr y ser para lo que hemos sido creados aparte de la relación con otros. El poder de *la koinonia* (una comunión especial del cuerpo de Cristo) estriba no simplemente en nuestra camaradería uno con otro, sino en la presencia de Cristo en medio de esa camaradería (Morris).

Cuando el capellán desarrolla y promueve un programa de cuidado pastoral Cristo-céntrico para los ancianos, la ley de Dios se cumple, Y "llevamos las cargas los unos de los otros" (Ga. 6:2).

Como Santiago 5:16 nos enseña, debemos confesar nuestros pecados los unos con los otros y orar los unos por los otros para recibir la sanidad. La sanidad no es únicamente física; también involucra el sanar el todo de la persona y restaurar el balance a las vidas que están fuera de control o abrumadas por las circunstancias.

Antiguamente el cuidado involucraba el establecimiento de un consenso de valores dentro de la comunidad que afirma en palabra y acciones la presencia de Dios con nosotros a lo largo de nuestras vidas, y para trabajar para servir de bendición y redención de otros (Lyon). La satisfacción del ser humano en la vejez se encuentra en un entendimiento comunitario de intercambio social donde la interconexión emocional, moral y religiosa de las generaciones es reconocida y afirmada.

Al reconocer la obra de Dios, de bendecir y redimir, nosotros reconocemos su poderosa presencia y su cuidado amoroso de todos en "nacimiento y madurez...la unión del hombre y la mujer y el nacimiento de los hijos...envejecimiento y muerte"[67]

Hospicio

La enfermedad terminal puede ser devastadora para los miembros de familia y los pacientes. En reconocimiento de la necesidad de ayudar y preparar al paciente y su familia para la muerte inevitable, se ha desarrollado un concepto de cuidado llamado "Hospicio".

a) El hospicio es un programa para ayudar a personas con enfermedad terminal, cuya expectativa de vida se mide en semanas o meses, a vivir tan normal como sea posible en la comodidad de su propio hogar hasta su muerte.

b) La filosofía del Hospicio es proveer calidad de vida con énfasis en el desagravio y el control del dolor mientras se mantiene la dignidad en el proceso agonizante. El cuidado y la ayuda se proveen a los sobrevivientes que encaran la realidad de la muerte y comienzan a ajustarse a la perdida.

c) Todos los pacientes reciben el servicio sin importar raza, color, origen o condición.

d) Los servicios de hospicio usualmente se pagan por medio de regalos conmemorativos y eventos especiales de recaudación de fondos. A veces se reciben reembolsos por los servicios médicos a los pacientes y la mayoría de los programas son certificados por el Medicare (cuidado médico nacional en USA).

e) Las referencias al Hospicio pueden hacerse por el paciente, su médico, miembros de familia, o el clero.

f) Los pacientes de hospicio reciben una variedad de servicios mediante los esfuerzos de profesionales especializados y personal voluntario entrenado.

g) Los servicios comúnmente incluyen, pero no son limitados a:
   1) Una enfermera registrada que puede llamarse 24 horas al día, siete días a la semana.

2) Cuidado de enfermedad, cuando sea requerido por el médico del paciente, provisto intermitentemente en el hogar.
3) Trabajadores sociales se reúnen con el paciente/familia para proveer servicios individuales de consejería, evaluar el funcionamiento de la familia, explorando si hay ayuda financiera disponible y actuando como intermediarios con agencias comunitarias.
4 Servicios de un consultor médico si se solicitan por el médico principal.
5 Servicios de fisioterapia y servicios domésticos de ayudas para la salud.
Voluntarios que estén disponibles para proveer servicios de apoyo de carácter no medicinal al paciente y la familia, tales como compañerismo, cuidado personal, y servicios de mandado.
6 Consejería espiritual por medio de un Capellán de Hospicio que ayuda al paciente y su familia con las necesidades religiosas. El líder espiritual del paciente también puede ser parte del grupo de Hospicio.
7) El cuidado de duelo se provee individualmente por el personal y voluntarios entrenados.

Las ventajas del Hospicio:

El dolor, la nausea y otros síntomas pueden controlarse bien en el hogar, y a veces se pueden prevenir. El paciente está en su casa en un ambiente familiar con su propio horario de actividades y con los miembros de su familia. La familia participa en el cuidado a veces moviendo una cama de hospital en la sala o haciendo otros arreglos para mantener a la familia y al paciente cómoda en el hogar.

El hospicio provee todo lo relacionado a la enfermedad terminal (medicamentos, equipo, servicios, etc.)

El ministerio de seguimiento en el duelo y la aflicción están disponibles para los sobrevivientes.

Las desventajas de Hospicio: Algunas personas no pueden proveer cuidado continuo debido al trabajo, etc. Algunas personas no pueden emocionalmente cuidar de la persona agonizante.

Las circunstancias bajo las cuales los pacientes de Hospicio son llevados y admitidos en el hospital:

Para controlar los síntomas y el dolor cuando los síntomas no pueden tratarse en el hogar, o para procedimientos quirúrgicos necesarios o de emergencia; Para el descanso del que cuida al paciente, cuando la familia/el que ofrece cuidado llega a estar tan exhausto que no puede cuidar más del paciente. La enfermera hará los arreglos para la hospitalización y la familia/el que cuida permanecer en el hogar y tomará el descanso necesitado para después continuar el cuidado domestico cuando el paciente sea traído.

Recuperación

Los asuntos de congoja a veces afectan al paciente y a las familias del paciente en el ambiente de la clínica y el hospital. El duelo se ha descrito como las emociones que se sanan a si mismas. Pero la mayoría de la gente necesita algún contacto social para que esto suceda. Las personas con duelo necesitan una oportunidad para expresarla en un ambiente apropiado de comprensión.

Muchas personas que sufren de duelo no se dan permiso a sí mismos o no reciben permiso de otros para manifestar su pena o expresar sus sentimientos y pensamientos conflictivos. La sociedad frecuentemente fomenta la represión de las emociones de duelo, a diferencia de la expresión. El resultado: mucha gente se aflige aisladamente o intenta salir huyendo de su duelo mediante diversos medios.

Una parte crucial.

Todos nosotros tenemos que perder a nuestros seres amados así como ellos nos tienen que perder a nosotros. Con la pérdida viene el duelo. La pérdida de un ser amado es uno de los eventos más tristes que pueden suceder. El sobreviviente experimenta un duelo extremo. Comienza en él un proceso de recuperación del cual no está totalmente consciente. Este proceso es similar a un apagón eléctrico y necesita ayuda rápidamente. Entre más pronto comience el proceso de recuperación es mejor.

Expresión de duelo.

La cultura puede influenciar de manera considerable la expresión o contracción de la emoción. Pero eso no importa, de cualquier manera la pérdida es final y el duelo es real. El duelo es una parte crucial del proceso de recuperación. Debe permitirse que el sobreviviente se aflija, exprese y experimente la emoción profunda dentro de si. El apenado necesita sufrir la pena, necesita articular sus emociones, pensamientos, preocupaciones y fantasías.

Guardar el sufrimiento.

Se convierte en una bomba de tiempo mientras el individuo existe en un limbo emocional. Eventualmente, la bomba explota con un efecto devastador. El duelo es normal, natural, de desahogo, y la necesidad de la expresión no debe negarse.

La pérdida no se puede medir.

Aun Cuando la muerte le sigue a una enfermedad dolorosa larga, la pérdida es todavía una pérdida. A veces el sobreviviente en una situación de enfermedad a largo plazo comienza a afligirse anticipadamente. Este pre-duelo de muerte establece un sistema interior de apoyo para el sobreviviente. Cuando llega la muerte, el sistema interior de apoyo se fortalece cada vez que el sobreviviente oye frases como, "Ahora él está en paz," o "Su sufrimiento ha terminado." La palmadita y el abrazo silencioso son un gran apoyo y muchas veces comunica más que las palabras.

Respuestas inmediatas y prolongadas.

Hay llanto, desvelo, depresión, descontrol emocional, disminuye el apetito, hay pérdida de peso, disminuye el interés en la actividad social, hay autocrítica, irritabilidad, ira e inquietud. El sobreviviente responde de varias maneras para lidiar con estas emociones, desde el llanto histérico hasta el control estoico de las emociones y un alejamiento completo de cualquier expresión externa.

Muchos sobrevivientes sienten que están perdiendo el control de su mente a causa del sentimiento que tienen de que su ser amado está vivo. Algunas personas dicen tener un sentimiento imaginario que su amado difunto estuvo en la sala con ellos. Algunos llegan a decir que han sentido el toque de su amado. Muchos sienten que la persona está todavía viva en el mismo lugar. Esta es una reacción común y usualmente se pierde después de unas semanas.

Desde el momento de la muerte, los amigos y la familia del apenado se quedan con él para no dejarlo solo. Ellos tratan de desviar la atención hacia otras áreas más "cómodas". Cambian la conversación y hacen ciertas actividades para distraer la mente de la persona de cosas tangibles que le traigan recuerdos y memorias del muerto. Tienen buenas intensiones, pero probablemente están haciendo algo equivocado. "Las personas en luto necesitan sufrir la aflicción y la pena del suceso es triste en sus vidas. " Negarles esto es alargar el proceso de aflicción.

La persona a solas.

Frecuentemente en el silencio de la noche el sobreviviente es abrumado por el duelo y repentinamente se siente solo, con memorias, dudas, culpabilidad y el duelo que inunda su ser. Si a esta persona se le pide que hable, que recuerde y repita algunas experiencias con el ser amado, la soledad quizás será menos devastadora.

En muchos casos, hay sentimientos de culpabilidad Hay culpabilidad sobre cosas que no se dijeron ni se hicieron mientras la persona amada estaba todavía en vida, sobre promesas que no se cumplieron, sobre las esperanzas y deseos no realizados. La culpabilidad sobre maltratos del pasado o actos de inconsideración, imaginados o verdaderos, son un fuerte golpe emocional. El apenado encuentra que es difícil poner la auto-discriminación en la perspectiva correcta. La objetividad y la lógica se han perdido. El intelecto no significa nada en un tiempo como este.

Las emociones toman el control.

Aconseje al enlutado que le de libertad al duelo: llore y recuerde. (Una buena aflicción es simplemente eso - muy bien por usted.) El llanto borra los sentimientos de tormento. El duelo es normal, natural, y sanador. Es parte del proceso de luto. Mientras más pronto comienza, más pronto comienza el alivio de la tristeza profunda.

Aconseje al apenado a no hacer decisiones importantes que vayan a producir una alteración significativa en su modo de vida. Los expertos están de acuerdo que es sabio demorar en hacer decisiones importantes a lo menos por un año. Las decisiones que se hacen en la bruma de las emociones muchas veces son incorrectas.

Muchos apenados han dicho: "Yo no puedo quedarme aquí sin él." Pero este sentimiento es posiblemente temporal y no es de confiar. Las ramificaciones financieras y emocionales de una decisión rápida afectarán el resto de su vida. Un sentimiento común es que deben alejarse de todo lo que les recuerda lo terrible de la pérdida.

Abandonar un trabajo o la casa y moverse lejos es perder en un instante todo el sentido de pertenencia. Se perderán todas las familias y las comodidades de vida. Huir del duelo significa también perder la confortabilidad de las memorias familiares felices. Salir corriendo no es nada más que una táctica de postergación. La mejor manera de tratar la pena es reanudando los intereses y actividades normales.

Las memorias

Habrá ocasiones cuando las memorias inundarán los sentidos.

Las Memorias son buenas, pero después de la pérdida de un amado son agridulces. La parte amarga es que las memorias indican la realidad de su pérdida "para siempre".

La muerte es para siempre y lo es también la pérdida. Una persona puede recibir ánimo en saber que el tiempo está a su lado.

1. Evitar el Duelo.

El que todo pospone. Esta es la persona que cree que si usted demora la expresión de su duelo, a través del tiempo posiblemente se irá. El duelo se forma dentro de sí y típicamente sale hacia afuera en una variedad de maneras que no siempre convienen para las necesidades del sufriente.

Esta persona puede sentir que si el duelo no se desvanece, por lo menos puede llegar un tiempo cuando se sentirá más segura para experimentar el dolor.

Inconsciente de que mediante la expresión viene la sanidad, la persona continúa posponiendo la expresión. El duelo se aumenta dentro de la persona, empujándola hasta el punto de explotar, haciendo sentir a la persona menos capaz de experimentar sentimientos relacionados con la pérdida del ser querido. Sin auto-conciencia o intervención, un ciclo vicioso se arraiga firmemente en la persona. Entre más siente la persona el duelo más anhela expresión, hace un esfuerzo mayor para posponerla o eliminarla. Posponer es frecuentemente un proceso automático inconsciente. Ponga atención a la frase: "Yo simplemente no quiero afligirme ahora mismo, lo pensaré más tarde."

2. El que la desplaza.

Una persona que lleva la expresión de su duelo lejos de la pérdida en si y desplaza sus sentimientos a otras direcciones (Ej. Mientras que no reconoce sus sentimientos de duelo la persona puede quejarse de dificultades en el trabajo o en las relaciones con otras personas).

Algunas personas que adoptan la acción del desplazamiento terminan con amargura hacia la vida en general. Otros desplazan la expresión inconsciente amarga de su duelo en sí mismos y vengan al punto de odiarse a si mismos y experimentan depresión debilitante.

La intensión principal del desplazado es cambiar el duelo de su fuente y ponerla en una persona, lugar o situación menos amenazadora.

Las relaciones personales normalmente son muy difíciles para el desplazado que es incapaz de reconocer la realidad de que está siguiendo este patrón común de prevención de duelo.

3. El que todo reemplaza.

Esta persona toma las emociones que se invirtieron en la relación que termina en la muerte y reinvierte las emociones prematuramente en otra relación. Hay poca conciencia, si alguna, en esta persona de que sus esfuerzos de reemplazo son realmente un medio para evitar el sufrimiento de su duelo.

Los observadores asumen a veces que el reemplazado posiblemente no amaba tanto a la persona que murió si puede en tan poco tiempo establecer una nueva relación. En realidad, muchas veces el reemplazado ha amado mucho a la persona que murió y para superar el dolor de los sentimientos relacionados con la pérdida, se mueve a un patrón reemplazo para evitarlo. El patrón de reemplazo ocurre no solamente en las relaciones con otra gente. Puede ocurrir cuando la persona pasa todo su tiempo en el trabajo u otras ocupaciones.

4. El que todo minimiza

El minimizado es la persona que es consciente de los sentimientos de duelo pero, cuando los siente, se esfuerza para minimizar sus sentimientos diluyéndolos por medio de una variedad de racionalizaciones. Intenta convencerse a sí mismo que realmente no ha sido afectado por la pérdida que ha experimentado.

En un nivel de consciencia su reducción de duelo puede parecer que está funcionando y seguramente se conforma al mensaje de la sociedad que es "sobreponerse" rápidamente al duelo.

5. Sentimientos reprimidos

Internamente los sentimientos reprimidos de duelo se intensifican dentro de sí y resultan en tensiones emocionales.

La persona cree que el duelo es algo que se pasa rápidamente, pero que no se siente. Típicamente es un proceso intelectual en que las palabras pasan a ser un sustituto para las expresiones de sentimientos genuinos. Entre más lucha esta persona para convencerse a sí misma que los sentimientos de duelo han sido "superados," es más difícil permitir la expresión emocional. El resultado es la evolución de un círculo vicioso destructivo.

6. El que sintomatiza

Esta es la persona que convierte los sentimientos de duelo en síntomas físicos. Puede oscilar desde relativamente menores y benignas quejas al patrón maligno severamente crónico de desorden sintomático (muchas quejas somáticas vagas sin hallazgos orgánicos).

Inconscientemente, adoptar el papel sintomatizador es un esfuerzo por superar sus propias necesidades emocionales.

Al tomar el "papel de enfermo," el sintomatizador le permite a la gente alrededor de él enfocarse en asuntos aparte de su verdadera necesidad de ser nutrido y confortado. Esta persona frecuentemente siente que si da a conocer sus verdaderos sentimientos de duelo, la gente se apartará y la dejará con un sentimiento de abandono. El sintomatizador puede llegar a preocuparse tanto con envolverse en la enfermedad del cuerpo que podrá tener poca o nada de energía para relacionarse con otros y para hacer su trabajo de enlutado.

Entendiendo las emociones

1) - Familiarícese con los pensamientos, sentimientos y comportamientos que pueden ser expresados por la persona que sufre la pena de la muerte de alguien amado.

2) - Sea capaz de responder en maneras que ayuden a la persona en su esfuerzo hacia la reconciliación.

3) - Nunca prescriba lo que será la experiencia del apenado, más bien permita ser "instruido" en lo que es su experiencia particular en la aflicción.

4) - Cuando se manifiestan, las emociones explosivas son muchas veces más desalentadoras para las personas relacionadas directamente con el sufriente. Frecuentemente tanto el enlutado como las personas que tratan de ayudarlo tienen problemas reconociendo y creando un ambiente para la expresión de sus emociones. Ellos están indecisos en cómo reaccionar.

5) - No menosprecie las demás emociones explosivas hablando únicamente del enojo. El enlutado puede experimentar también sentimientos de odio, culpa, miedo, resentimiento, rabia y celos. Detrás de las emociones explosivas están sentimientos más profundos de:

Dolor,
Impotencia,
Frustración,
Temor
Molestia ect.

6) - La expresión de emociones explosivas frecuentemente está relacionada con el deseo de restaurar las cosas a la manera que estaban antes de la muerte.

7) - Existe un valor saludable de sobre vivencia cuando se puede protestar temporalmente la realidad dolorosa de la pérdida. Teniendo la libertad de expresar la molestia le da a uno el valor para sobrevivir la situación.

8) - El hecho de que el muerto no vuelve a la vida a pesar de las emociones explosivas del enlutado es parte de la prueba de la realidad necesaria para el proceso final de reconciliación. Con el reconocimiento gradual de que la persona que ha muerto, de hecho, no volverá, la necesidad de expresar estas emociones típicamente cambia a través del tiempo.

Las emociones explosivas

Las emociones explosivas básicamente tienen dos medios de expresión: hacia afuera o hacia adentro. Lo que las personas hacen con estas emociones puede tener un impacto poderoso sobre la expresión de su duelo. La ira puede expresarse exteriormente:

Hacia la familia
Los amigos,
Los médicos,
Dios,
La persona que murió,
El servicio funerario particular,
La gente que no ha experimentado pérdida, etc.

Indignación hacia Dios

Algunas personas interpretan la muerte como un tipo de castigo y naturalmente reaccionan con ira contra los que ellos piensan que son responsables de la muerte. Dios es visto como el que tiene poder sobre la vida y la muerte, y llega a ser el blanco para la expresión de sus emociones. Algunos ayudantes se sienten incapaces de encarar estas expresiones de indignación hacia Dios.

A veces sienten la necesidad de defender a Dios. Cuando el ayudante comienza a defender Dios, excava un hoyo del cual es difícil salir. Frecuentemente, entre más usted defiende su posición de que la persona no debería estar enojada con Dios, más se afana por convencerlo que sí debería, su respuesta hace que la persona mantenga su posición.

La indignación hacia Dios no es algo que debe condenarse, más bien es algo que debe entenderse dentro del contexto del sentido de la necesidad de defender a Dios. Usted puede entrar en un diálogo con esta persona, permitiéndole crecer a través de su duelo. Esta persona ya se siente abandonada por Dios.

Indignación hacia la Familia.

Los estudios revelan que las viudas estaban enojadas con los miembros de la familia por la falta de apoyo, por la sobre protección, y por la desilusión en no recibir ayuda de sus parientes. Información también que hay enojo en relación a ciertos detalles relacionados con funerales, cargar la caja, y la impaciencia de los parientes por adquirir las posesiones de la persona que murió.

Indignación Interior.

Esto resulta en auto-estima baja, depresión, sentimientos crónicos de culpabilidad, achaques físicos, y posiblemente suicidios. Cuando se reprime en el interior, la experiencia de la persona en aflicción usualmente se hace complicada y crónica. La ira que se reprime en el interior puede resultar en agitación, tensión y descontrol general. En este caso, puede ser necesario referir la persona a un consejero profesional.

Enlutado:

Los capellanes pueden usar la seguridad de la salvación de un individuo que muere como un medio para reducir el impacto de la muerte sobre el ser amado. Sin embargo, aunque la persona se salvó y tiene asegurado un hogar celestial, el individuo enlutado todavía se preocupa. Al enfocarse en asuntos relacionados con la eternidad se debe tener cuidado de no olvidarse de tratar los asuntos temporales. Las personas que han quedado atrás todavía sufren soledad, desesperación y enfrentan muchas necesidades en la ausencia del amado.

Simplemente porque se hicieron las preparaciones necesarias en caso de muerte (como en el caso de muchos que están enfermos terminalmente) no significa que el enlutado está listo para manejar la situación.

Todavía existen consideraciones tales como el ajuste emocional, arreglos de vivienda, el cobro de la aseguranza, y muchas otras necesidades. Si la condición espiritual de la persona que muere era dudosa, todavía los familiares pueden hacerse preguntas acerca de la realidad de la vida después de la vida. Nadie debería presumir estar completamente seguro si una persona murió sin la esperanza de la salvación.

Solo Dios hace este juicio.

No obstante, el asunto de la eternidad y la vida más allá de la vida debe discutirse.

Ninguna lectura de la Biblia, palabras de aliento u oraciones cambiará la realidad de la muerte o las circunstancias que la rodean. El capellán puede caminar con los afligidos pero no los puede sacar del campo del duelo. Por lo regular simplemente la percepción y atención individual a cada miembro de la familia es un acto de ministerio y cuidado.

El capellán debería estar consciente de la necesidad de dar seguimiento y continuar el cuidado de la familia. El ministerio con anterioridad al funeral dura únicamente unos días.

Termina el funeral.

Cuando se termina el funeral el ministerio no se acaba. La dinámica de la aflicción es muy real y sería importante que alguien esté "allá" para ayudar a la familia en los días por venir. No tiene que ser el capellán personalmente pero deberían hacerse los arreglos para que alguien provea "presencia pastoral" continua y reconocer la probabilidad de duelo patológico. Debería establecerse un recurso o sistema de referencia (es decir, grupos de apoyo de duelo, un consejero profesional, etc...) para encontrar ayuda para el individuo que continúa en aflicción excesiva.

Rol de Ayuda.

Brinde validez a las emociones y haga un análisis con el afligido cuando él no todo puede hacerlo. No prescriba sentimientos, pero esté alerta a tratar con ellos. Permita que el sufriente le muestre si las emociones explosivas son parte de su experiencia.

La tristeza normal requiere que las emociones explosivas cuando existen se expresen, no se repriman. La gente afligida necesita a alguien que le escuche y le sustente, alguien que pueda tolerar, fomentar y validar sus emociones explosivas sin condenar, reprochar o discutir. La presencia confortable de un ayudante solícito le permite a la persona dejar escapar las emociones reprimidas.

A veces usted será rechazado por esas mismas personas a quienes usted intenta confortar, porque para el apenado, aceptar ser confortado es reconocer el dolor y la pérdida.

La hostilidad.

La hostilidad dirigida hacia los ayudantes se entiende.

Ayude al apenado a hacer una decisión entre afanarse por encontrarse con el amado o reconocer la realidad dolorosa de la pérdida. Esto resultará muy terapéutico, usted no está promoviendo la negación, sino comunicando que debe haber un entendimiento de la razón para ella.

Ayude al apenado a encontrar un balance entre sus sentimientos negativos y positivos.

Tenga en mente los sentimientos de dolor, impotencia, frustraciones y temor. Mantenga contacto con estos sentimientos, escuche con una actitud positiva y acepte todos los demás sentimientos.

CPSIA information can be obtained at www.ICGtesting.com
Printed in the USA
BVOW041108050112

279794BV00001B/7/P